大展好書　好書大展
品嘗好書　冠群可期

大展好書　好書大展
品嘗好書　冠群可期

輕鬆學武術 3

八式 十六式 太極拳

（附 VCD）

曾天雪　編著

大展出版社有限公司

天人合一
与时俱進

為"晨练丛书"題

蔡龍雲

作者簡介

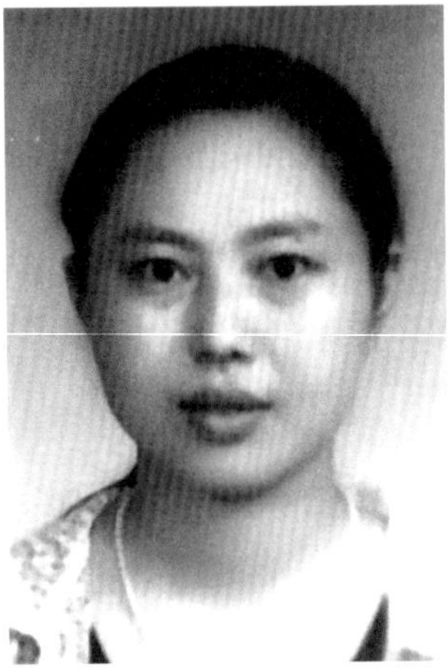

曾天雪，女，1971 年 6 月生。2000 年 6 月畢業於武漢體育學院民族傳統體育專業，碩士。現爲華中師範大學體育學院教師。

曾獲得湖北省高校武術比賽太極拳、劍冠軍。從 1995 年至今，多次參加武漢市、湖北省及全國的武術比賽裁判工作。

前言

聞雞起舞是中國人晨練的寫照，直到今天，迎著初升的朝陽，沐浴著陣陣晨風翩翩起舞仍是中國人最常見的鍛鍊身體的方法。在晨練的人群中，習武者頗多，其中練太極拳和木蘭拳的人就不少，在許多地方早已是蔚然成風。

武術是中國傳統文化的一部分。傳統文化既有民族性又有時代性。葉朗先生說：「傳統是一個發展的範疇，它具有由過去出發，穿過現在並指向未來的變動性……傳統並不是凝定在民族歷史之初的那些東西，傳統是一個正在發展的可塑的東西，它就在我們面前，就在作爲過去延續的現在。」武術正是這樣不停地發展變化著。如二十四式簡化太極拳就是爲了滿足人們練習的需要，在原來太極拳的基礎上刪繁就簡創編的，一經出現就受到了廣大練習者的歡迎，至今流傳已近半個世紀，早已成了較爲「年輕的傳統武術套路」了。後來的四十二式太極拳更是由各式太極拳相互融合而成，開始僅作爲運動員的比賽套路，現在也成了人們晨練的內容之一。而木蘭拳是以傳統的武術爲母本生長出來的新枝，開出的新花，爲人們所接受，已是各地晨練不可或缺的內容。作爲中國傳統文化的武術就是這樣不斷地發展者，表出出了強大的生命力，即使它的某些新的東西一時爲一些人所不理解、不接受，但它依然發展著。

爲滿足廣大練習者的需要，湖北科學技術出版社決定按照國家規定套路以太極拳和木蘭拳爲內容出一套「輕鬆學武術」叢書。介紹太極拳和木蘭拳的書籍已經很多，如何創新呢？後來考慮一般武術書中的「圖中人」都是面向讀者。由於動作的方向經常變化，練習者的動作方向時而和「圖中人」動作方向相同，時而又和「圖中人」的動作方向相反。對於還不十分熟悉武術動作的初學者來說，往往感到看圖學動作較爲困難，這實際上也是編寫武術圖解長期未能解決的一個難點。我們受到在教學實踐中教師常根據學生練習時身體方向的不同，不斷地變換領做位置的教法的啓發，想到用正反兩套圖來編寫這套書，也算是一個大膽的嘗試，即是本書特色所在，希望能爲廣大讀者所接受和習慣。

我國著名武術家蔡龍雲先生爲這套叢書寫了「天人合一，與時俱進」的題詞，一方面點明了人們在晨練時人與大自然融爲一體的情景和對中國傳統哲學「天人合一」觀念的追求，同時也反映了武術要常練常新，不斷發展的思想。在此謹向蔡先生表示深切的謝意。湖北科學技術出版社蔡榮春編審從選題到編寫方法，直到審定，付出了大量的心血，在此一併致謝。

本叢書由秦子來、王飛、曾天雪執筆，動作示範秦子來、劉沛、吳雪琴、楊易。

溫　力　於妙齋

簡　介

太極拳是我國的一項傳統體育項目，從創編至今有了很大的發展與變化，不僅深受國人的喜愛，也得到廣大國際友人的認可。

爲了更多的人能夠喜練太極拳，國家有關部門組織專家對太極拳進行了規範與整理，從 1956 年以楊式太極拳爲基礎的「二十四式太極拳」到 20 世紀 90 年代亞運會前創編的陳式、楊式、孫式、吳式、武式太極拳競賽套路和四十二式太極劍，可以看到：規範化的太極拳不僅對太極拳的競技發展有巨大的推動作用，而且對太極拳普及與提高提供了依據。

90 年代以後，爲了響應全民健身的計畫要求，進一步普及太極拳運動，爲武術段位制定相應的內容，國家有關部門又再次組織專家對太極拳進行進一步的簡化與規範，創編了八式和十六式太極拳。

特　點

八式和十六式太極拳作爲中國武術段位制太極拳一段、二段的考核套路，保留了太極拳的精髓，內容精練，重點突出，易學易記。動作柔和均匀，姿勢中正平穩，具有良好的養生、健身功效。

其中，八式太極拳以原地單個動作左右對稱練習爲特點，是太極拳的基本動作練習；十六式太極拳是在八式太極拳基礎之上，以兩個分段爲主的練習形式，是較二十四式太極拳更爲簡短的套路形式。

看圖說明

1.本書是以「蝴蝶頁」的形式編排的，即左邊雙數頁碼和右邊單數頁碼成爲一個整體，翻開任何一頁，均應將左右相鄰兩頁的內容連在一起看。

2.每一頁都有上下兩組圖，上面圖像較大的一組爲主圖，下面圖像較小的一組爲副圖。兩組圖的圖中示範者的動作完全相同，唯方向相反。主圖的示範者爲背向練習者起勢；副圖的示範者則是面向練習者起勢。

3.因主副圖中示範者起勢的方向相反，運動的前進方向也相反；同時由於在演練的過程中動作行進的方向經常變化，主副圖中示範者的動作前進方向也都隨之變化，所以在主副圖下方向分別標注的動作前進方向箭頭，讀者在看圖時首先要看清動作前進方向，且要注意將「蝴蝶頁」相鄰兩面要連起來看。

4.我們將主圖中的示範者定爲背向讀者起勢，在一般情況下，示範者的動作前進方向和練習者一致，所以以看主圖爲主。當主圖中局部動作因圖中示範者的身體遮擋而看不見或看不清時，可以參看副圖。當練習時身體動作轉體 180°時，練習者再看主圖中的示範者的動作很不方便，此時副圖示範者正好背對練習者，副圖中示範者的動作前進方向和練習者一致，在這種情況下以看副圖爲主，參看主圖。注意，從副圖上看動作的前進方向與主圖的前進方向相反，這是因爲身體動作轉體180°所致，對於練習者來說，動作前進方向是沒有改變的。當身體動作又轉體180°回到原來的方向時，則仍以看主圖爲主。在不同的情況下分別看主圖和副圖，就好像是在練習者身體前後各有一個示範者，在開始時隨身前的示範者的動作進行練習，當動作轉體180°時就隨原來的身後的示範者的動作進行練習，這正是本叢書與其他武術圖解書最大的不同之處，爲讀者提供了一個來自於教學實踐的新的看圖學動作的方法，讀者只需稍加熟悉就會習慣。

5. 圖中示範者身體各部位的動作由相應部位爲起點的箭頭指示，箭頭所示爲由該姿勢到下一姿勢的動作路線，左手和左腳的動作用虛線箭頭表示；右手右腳的動作用實踐頭表示。有些圖中有簡單的文字提示細微動作的做法和動作要領，學習時以看圖爲主，參看文字說明。

6. 對照本叢書來觀摩其他練習者的演練也十分方便。當被觀摩者背對觀摩者起勢時，只需看主圖；當被觀摩者面對觀摩者起勢時，只需看副圖，這樣被觀摩者的前進方向及動作都和圖中人的前進方向和動作完全一致，不會因動作方向的改變而造成看圖的不便。

7. 每頁圖上的「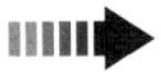」爲動作前進方向，也是看圖的順序，注意不是每一頁都是從左到右看，有的是從右到左看的。另外，上、下兩排主、副圖的方向正好相反，注意動作編號相同的才爲同一動作。

目　錄

八式太極拳

（1）

（2）

（3）

左腳提起向左移橫開一步，兩腳與肩同寬。

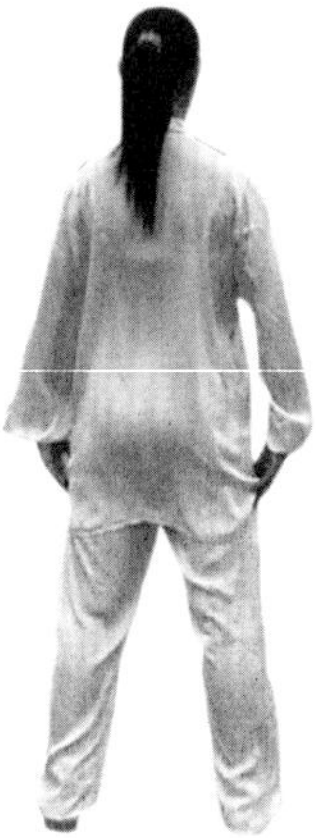

（4）

左右兩手從體側向上向前掤起，與肩同寬。

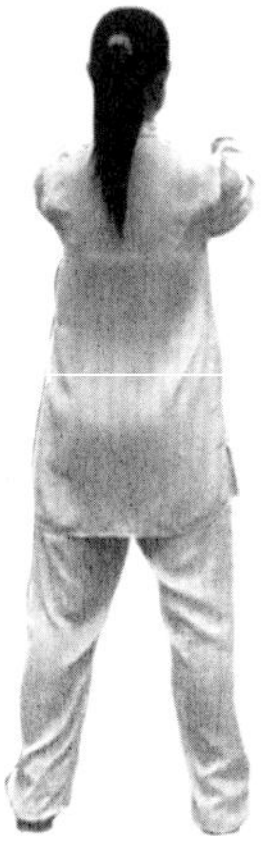

（5）

雙手下按至腹前，同時雙腿屈膝下蹲。

沉肩、垂肘、鬆腰、豎頂兩手臂下落與身體的下蹲的動作要協調一致。

【預備勢】

（1）

兩腳併立，兩手自然放於體側。頭正項直，兩眼平視正前方，呼吸自然。

【一、起勢】

（2）

重心移至右腳，左腳腳跟離地，腳尖虛點地。

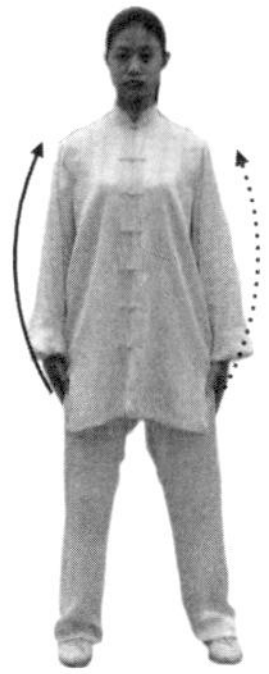

（3）

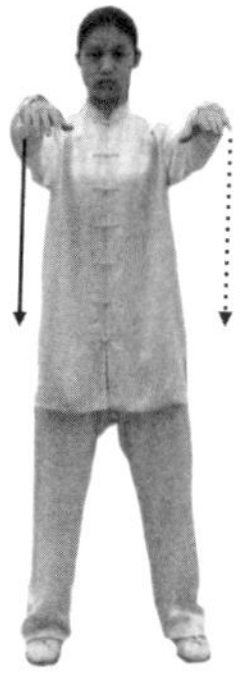

（4）

（5）

（8）

右手屈臂立起，手掌掌心向前，指尖高與耳齊，眼看前方。

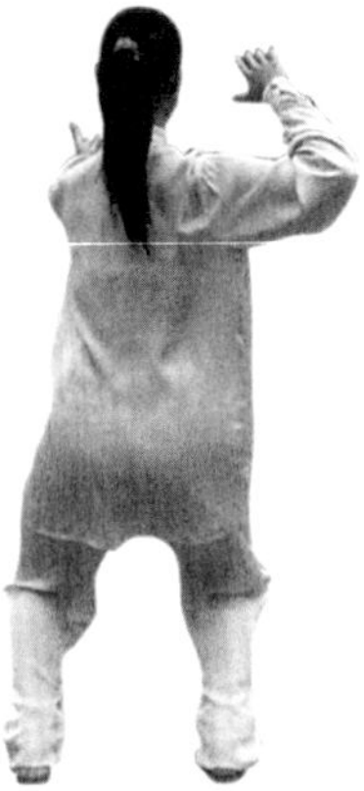

（9）

右掌經過耳側向前推，隨著右掌前推，左手自然收回腹前，眼視右手前方。

（10）

身體微左轉，左手繼續向左後畫弧，左手掌心向上，眼視左手。

上體自然中正，雙手兩臂隨身體轉動，自然畫弧運動，沉肩墜肘。

（6）

（7）

【二、捲肱勢】

（6）

身體微向右轉，右手手心向上，回收至腹前，同時左手手心向上微向前伸。高與胸齊，眼睛看左手。

（7）

右手繼續向右後，畫弧，高與肩齊，眼看右手。

（8）

（9）

（10）

【三、提膝拗步】

（11）

（12）

（13）

（14）

左腳向左前方邁出，腳跟著地，左手繼續向下畫弧重心在右腳。

（15）

重心移至左腿，左腳全腳掌著地，右腿蹬直成左弓步，右手經耳側前推，掌指高於鼻尖齊，左手位於左膝旁，眼看前方，沉肩、墜肘、鬆腰，呼吸自然。

重心轉換時，身體保持自然中正。

（11）

左掌立起，眼看正前方，沉肩墜肘，鬆腰。

（12）

左掌經耳側前推，隨著左手前推，右手自然回收腹前，眼視左前方。

（13）

重心左移，右腳內扣，重心再移至右腳，左腳跟提起，右手向右屈臂立起，左手由體前向上向右收至右臂前下。

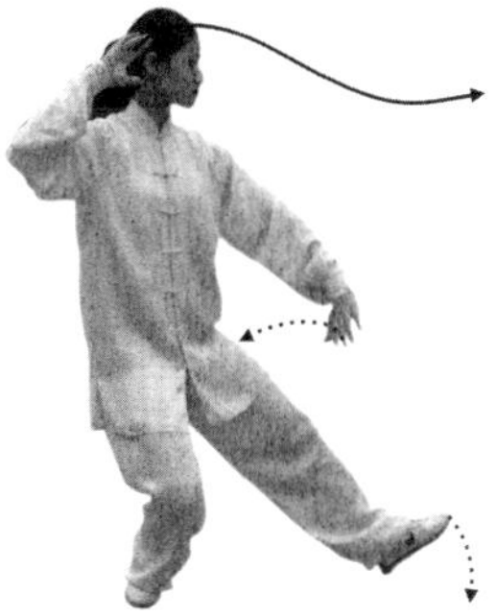

（14）

（15）

（16）

重心稍右移，左腳內扣，左手自然抬起，右手收至左肩前，眼看左手。

（17）

重心左移，收右腳至左腳旁，身體右轉，左手屈臂立起，右手向下至腹前，眼看行進方向。

（19）

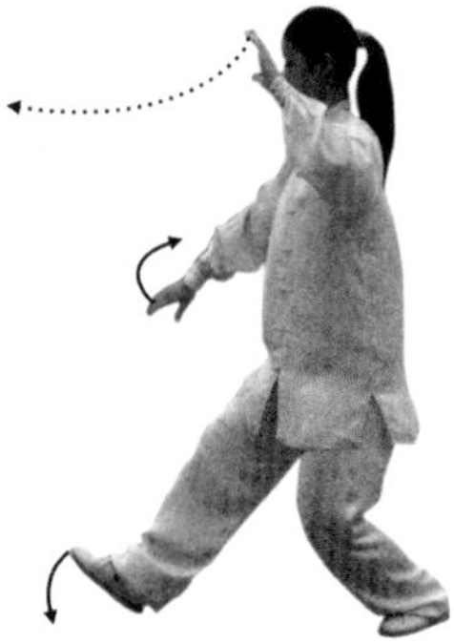

（18）

（18）

右腳向右前方自然邁出，腳跟著地，右手繼續向下。

（19）

右腳全腳掌著地，重心移至右腿，右腿蹬直成右弓步，左手經耳側前推，指高於鼻尖齊，右手位於右膝旁，眼看前方，沉肩、墜肘、鬆腰，呼吸自然。

（17）

（16）

（20）

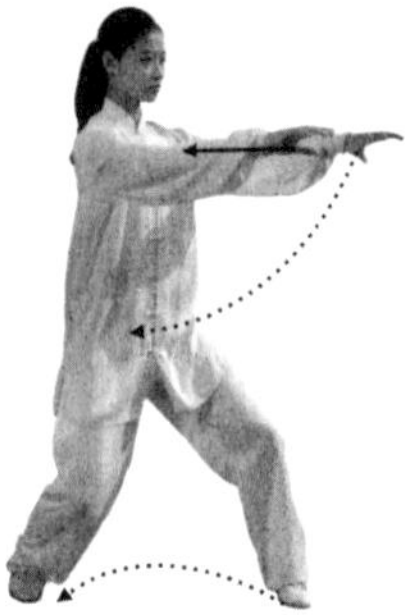
（21）

（22）

上體不可前俯後仰，身體轉動時以腰為軸。

（23）

左腳向左自然邁出，腳跟落地，重心在右腳，身體向左轉，眼看行進方向。

（24）

左腳全腳掌著地，右腿蹬直，成左弓步，左手向前上方分出，右手在右側髖關節旁，眼看前方。

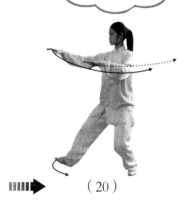

【四、野馬分鬃】

（20）

重心移至左腳，右腳內扣，雙手由右向左平帶，高於肩齊，眼看前方。

（21）

重心移至右腳，身體微向左轉，雙手平帶至身體左前方，身正，呼吸自然。

（22）

左腳收至右腳旁，雙手成抱球狀，眼看右前方。

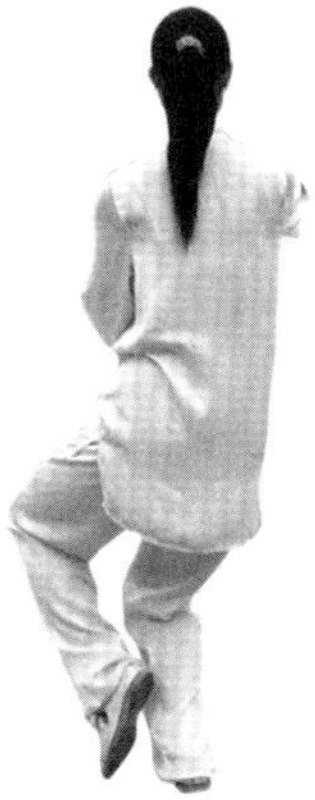

（23）

（24）

（25）

重心移至右腳，身體右轉，左腳尖抬起，左手隨身體右轉向右平擺至左胸前，眼看左手前方。

（26）

左腳踩實，重心移至左腳，右腳收於左腳旁，雙手成抱球狀。

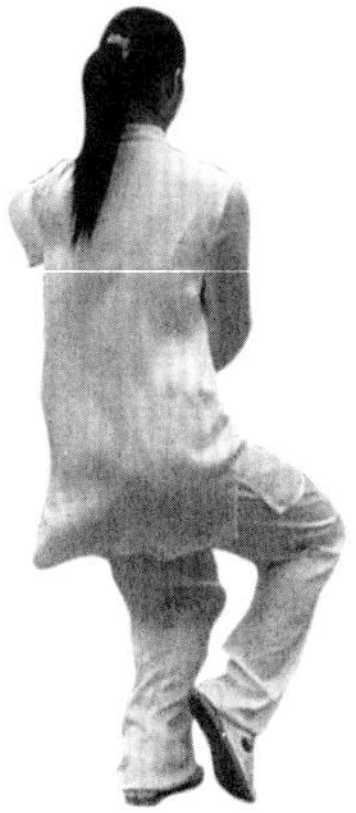

（27）

（28）

(27)

身體向右轉，右腳向前自然邁出，腳跟落地，重心在左腳，眼看行進方向。

(28)

右腳全腳掌著地，左腿蹬直，成右弓步，右手向前上方分出，左手在左側髖關節旁，眼看前方。

(26)

(25)

(31)

身體繼續左轉，左腳跟抬起，左手經面前向上、向下、向左畫弧，同時右手經腹前向上、向左畫弧。

(32)

右腳收至左腳旁，左手掌心向外，右手在左手肘下，眼看左前方。

身體轉動以腰脊爲軸，鬆腰；兩臂隨腰的轉動而運動，要自然圓活；高度保持一致，不可忽高忽低。

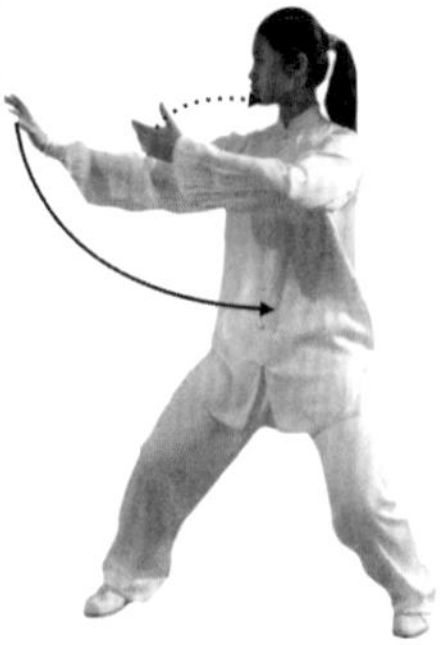

(29)

(30)

【五、雲手】

（29）

重心左移，右手掌心向外，左手掌心向上，位於右肩前，眼看右手。

（30）

身體向左轉，右手向下至腹前，左手向上至面前，眼看左手的前方。

（31）

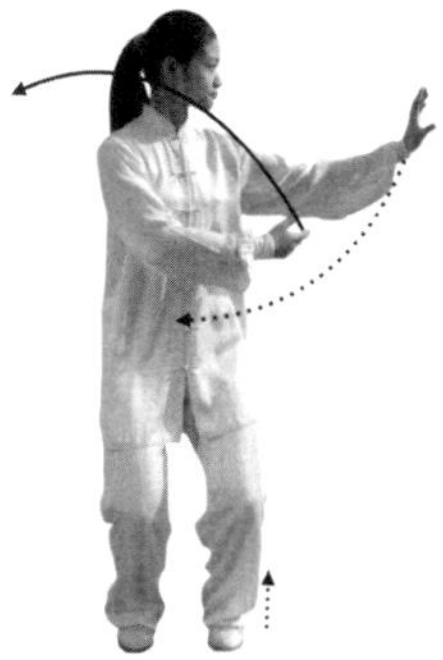

（32）

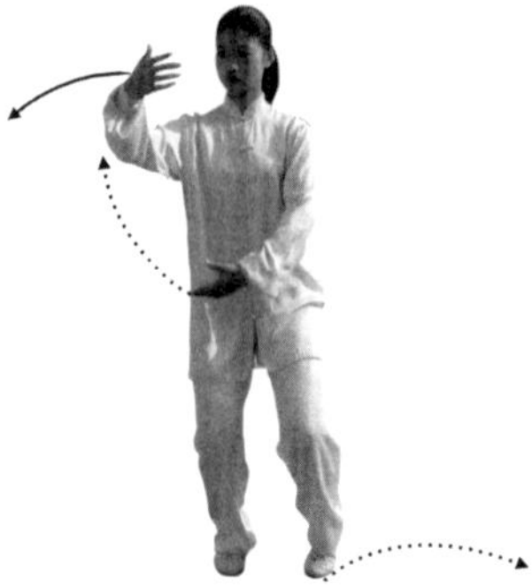

（33）

（34）

（35）

雙腳不動，腳尖向前，身體向左轉，右手向下至腹前，左手向上至面前，眼看左手的前方。

（36）

雙腳不動，身體稍左轉，重心偏左，左手掌心向外，右手在左手肘下，眼看左前方。

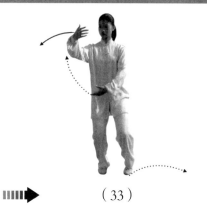

（33）

重心移至右腳，左腳跟抬起，右手向上、向右至面前，左手向下、向右至腹前。

（34）

右腳向右橫移一步，重心在右腳。右手繼續向下、向右，掌與肩高，掌心向外，左手在右肘下，眼看右手前方。

（35）

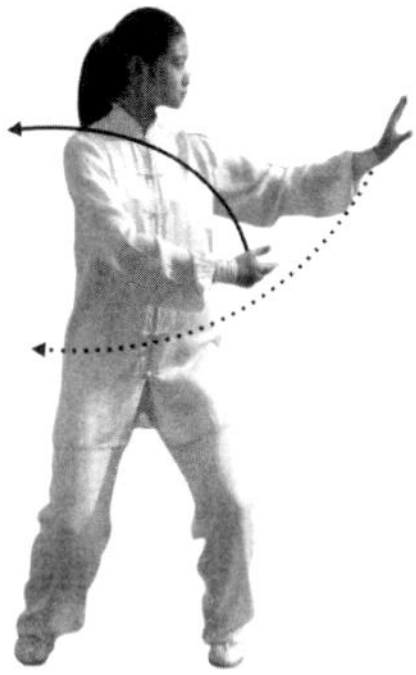

（36）

（37）

重心移至右腳，左腳跟抬起，右手向上經面部向右畫弧，左手向下經腹部向右側畫弧，眼隨手走。

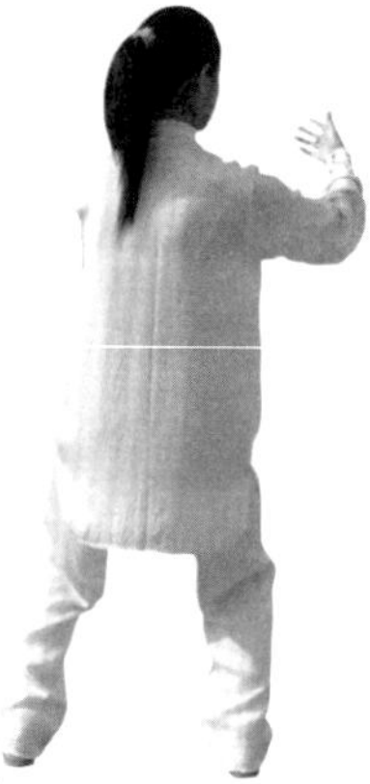

（38）

左腳收至右腳旁，兩腳跟踩實，與肩同寬，右手向下、向右側畫弧，立掌掌心向右，同時左手向上畫弧停於右肘下方，掌心向上。

兩手一挑一按，要與提膝動作協調一致，獨立腿要稍彎，上體保持正直。

（40）

（39）

(39)

重心移至左腳，右腳跟抬起，左手經面前向左側畫弧，右手向下經腹前向左側畫弧。

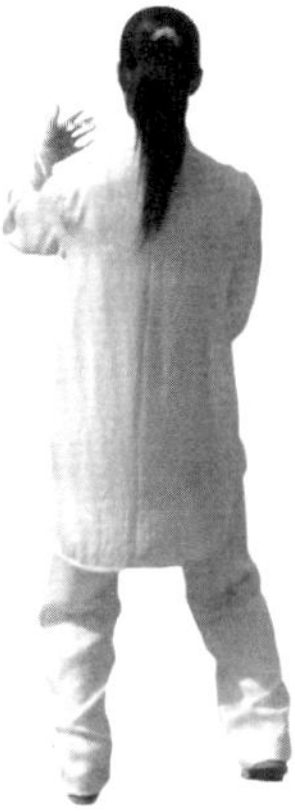

(40)

右腳向右側移動，左右手分別畫弧至身體左側，左手掌跟與肩同高。

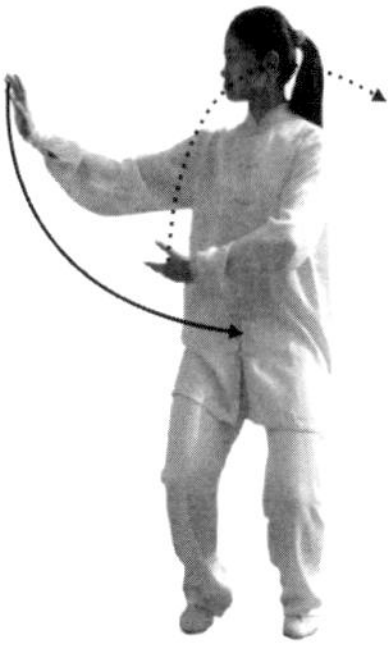

(38)

(37)

（41）

重心右移，兩腳不動，身體右轉，同時兩手分別向上向下畫弧至體前。

（42）

左腳收至右腳旁，兩腳跟踩實與肩同寬，右手向右側畫弧，立掌掌心向右；同時左手向上畫弧停於右肘下方，掌心向上。

（44）

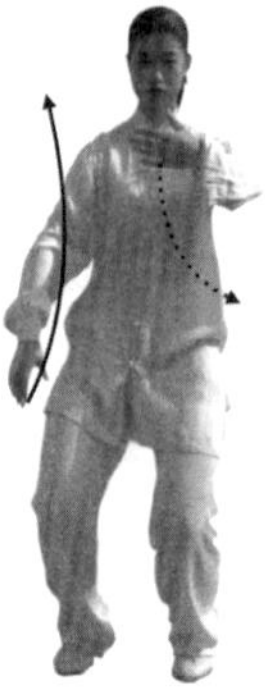

（43）

【六、金雞獨立】

（43）

重心左移，左手向上提至胸前，右手向下落至右髖前。

（44）

右腿提膝，右手上挑與肩平，左手下按於髖關節旁眼視前方。

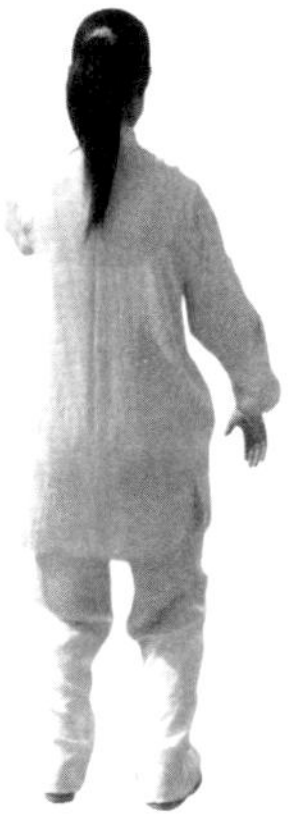

（42）

（41）

【七、蹬腳】

（45）

（46）

（47）

左腳下落至右腳旁，重心移至左腳，右腳跟抬起，雙膝微屈，雙手在體前交叉，右外左內，眼視右前方。

（48）

左膝伸直，右膝提起，兩手交叉舉至胸前。

（49）

右腳向斜上方蹬出，力達腳跟，同時雙手向外分掌，力達掌外沿，眼視右前方。

上體不可前俯後仰，分手和蹬腳的動作，要協調一致。

（45）

右腳下落，沉肩、舒胸，眼視前方。

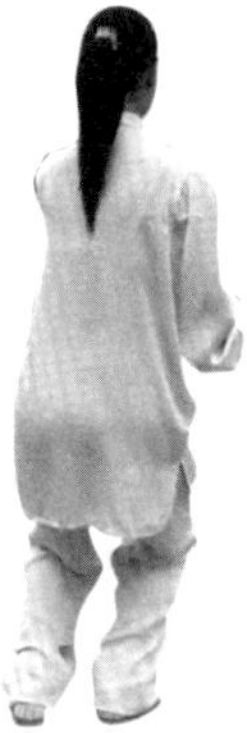

（46）

左腿提膝，左手上挑與肩平，右手下按於髖關節旁，眼視前方。

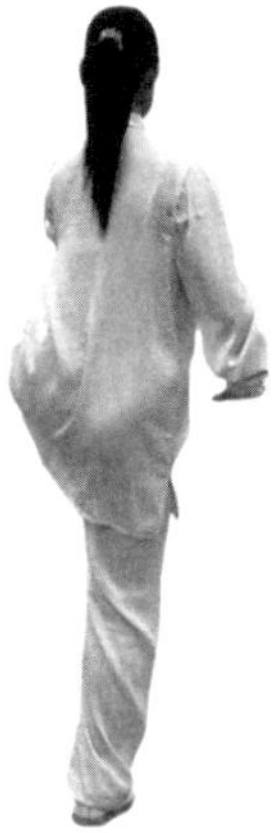

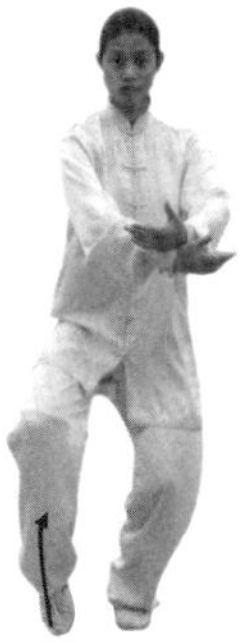

（47）

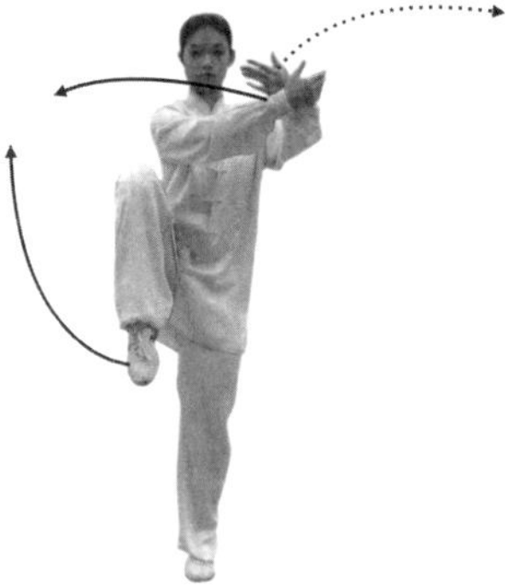

（48）

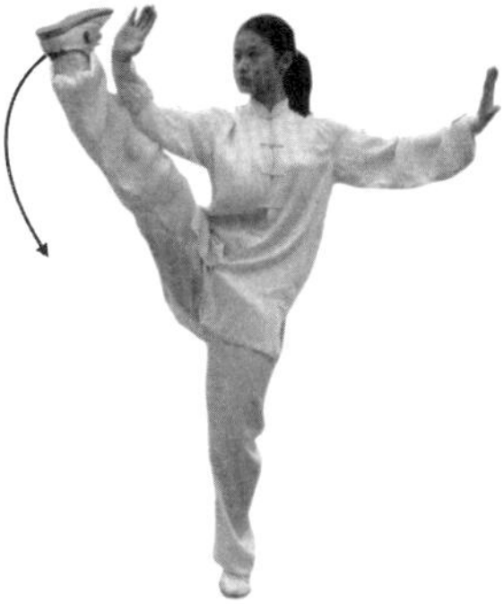

（49）

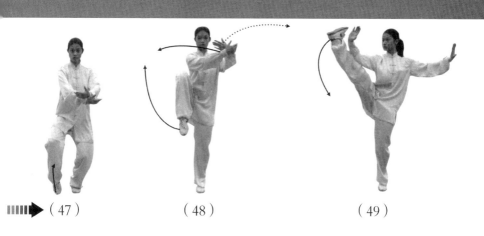

(53)

左腳向斜上方蹬出，力達腳跟，同時雙手向外分掌，力達掌外沿，眼視左前方。

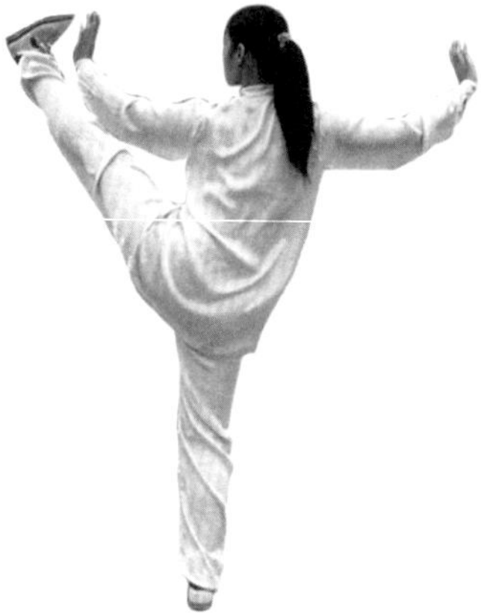

(54)

左腳收回，成提膝狀。

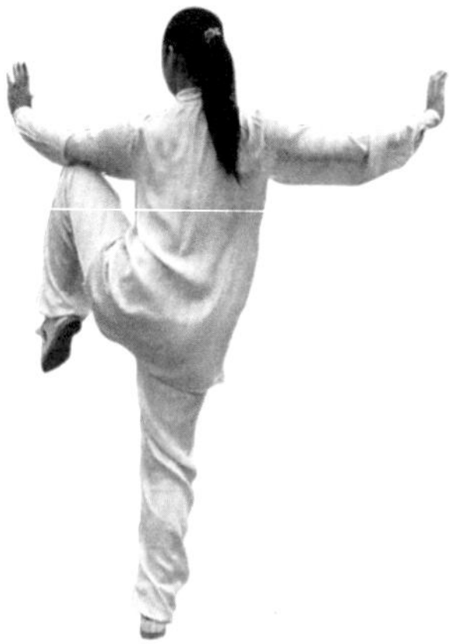

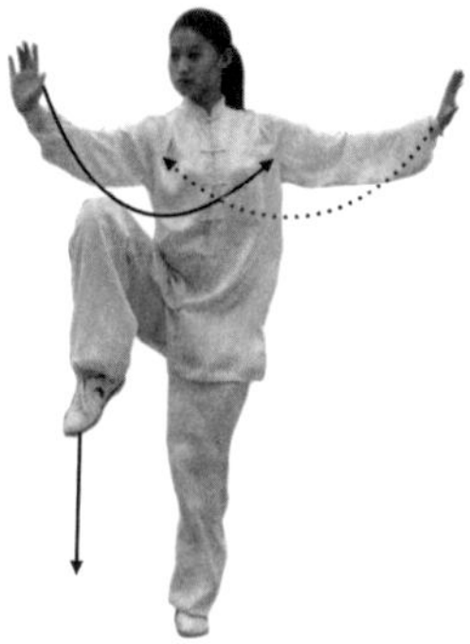

(50)

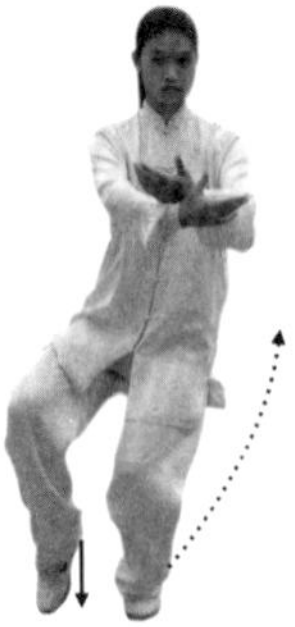

(51)

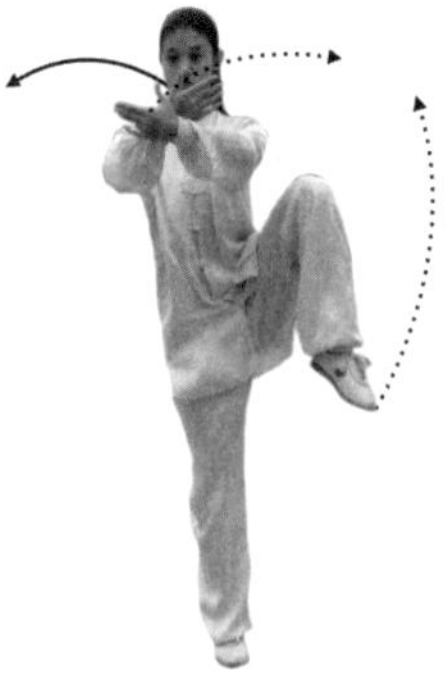

(52)

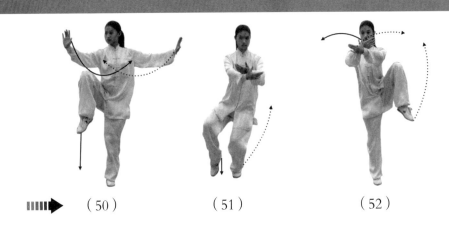

（50）

右腳收回，成提膝狀。

（51）

右腳下落至左腳旁，重心移至右腳，左腳跟抬起，雙膝微屈，雙手在體前交叉，右外左內，眼視左前方。

（52）

右膝伸直，左膝提起。

（53）

（54）

【八、攬雀尾】

（55）

左腳下落，重心移至左腳，右腳腳尖虛點地，雙手成抱球狀，眼視前方。

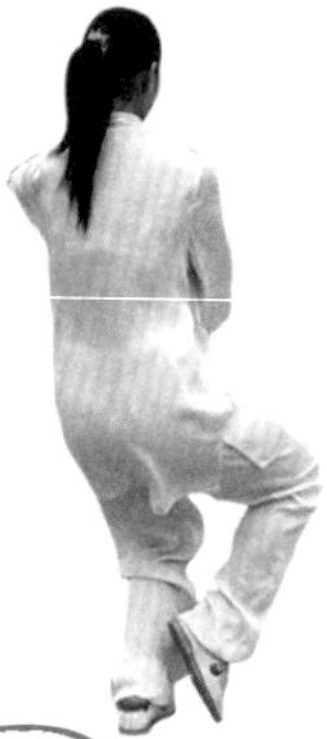

（56）

身體右轉，右腳向右側自然邁出，腳跟落地，重心在左腳，眼看前方。

上體中正，重心轉移時兩腳的虛實分明。

（58）

（57）

（57）

右腳全腳掌著地，左腳蹬直，成右弓步，右臂上掤與胸齊，左手下按至髖關節旁，眼視前方。

（58）

身體微向右轉，右手隨即前伸翻掌向下，左手翻掌向上，眼視右手前方。

（56）

（55）

（59）

左手向左後方畫弧至肩平，同時，右手向左後方畫弧至左胸前。

（60）

上體右轉，左臂屈肘折回，左手附於右手腕內側，右手心向內，左手心向前，右前臂呈半圓形，眼視前方。

（61）

（61）

雙手向前擠，左腿蹬直，成右弓步，重心移至右腿，眼視前方。

（60）

（59）

（62）

右手翻掌向下，左手經右腕上方向前，向左伸出，雙手分開與肩寬，掌心向下。

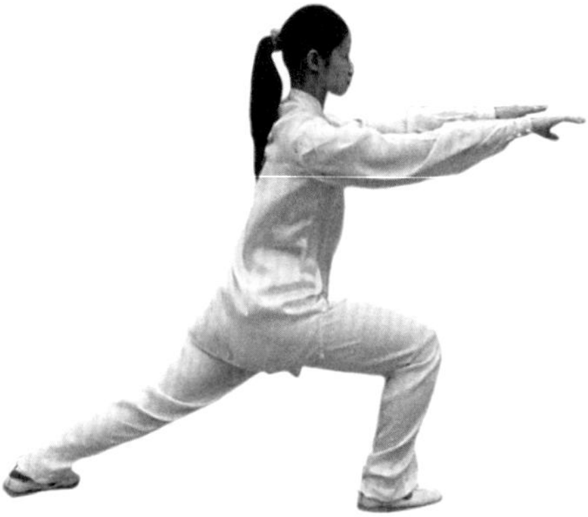

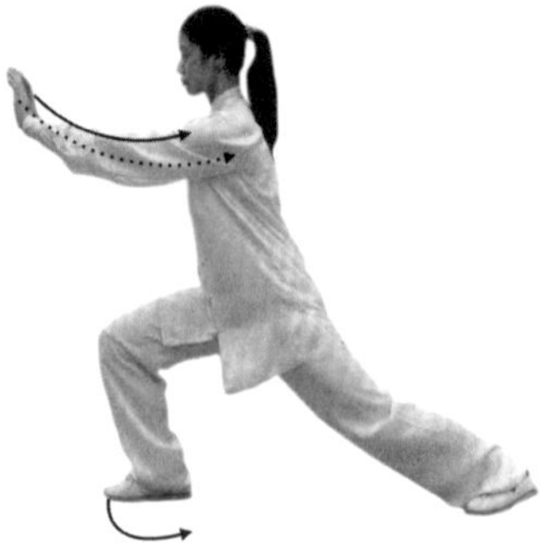

（64）

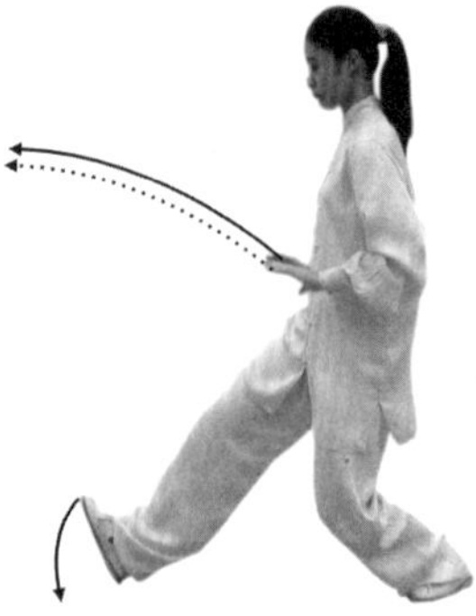

（63）

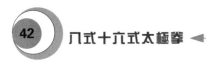

（63）

左腿屈膝，重心移至左腿，右腳尖翹起，同時雙手由前向後，經胸部向下收至腹前。

（64）

雙掌向前上推出，掌心向前指尖向上，重心移至右腿，成右弓步，眼視雙手前方。

（62）

（67）

重心移至右腳，左腳收至右腳旁，雙手成抱球狀，眼視右斜前方。

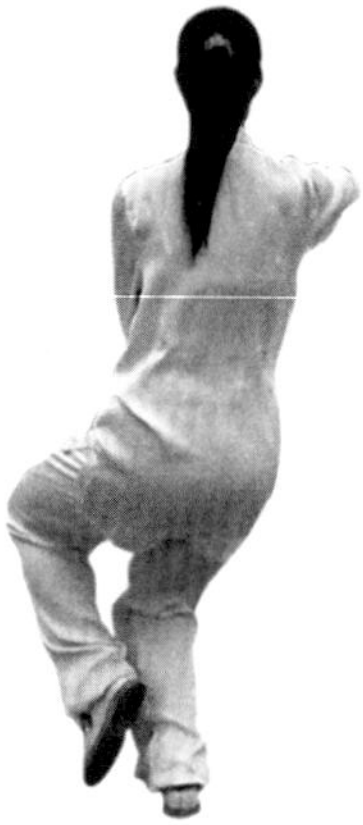

（68）

身體左轉，左腳向左側邁出，腳跟落地，重心在右腳，眼看前方。

（65）

（66）

（65）

身體左轉，雙掌掌心向下，隨身體轉而向左平帶，眼視前方。

（66）

身體重心移至左側，雙手繼續隨身體左轉而向左平帶至左前方，眼視左前方。

（67）

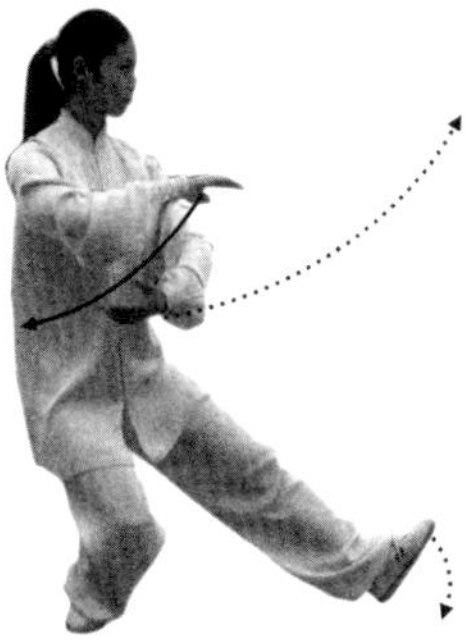

（68）

（69）

（70）

（71）

身體右轉，右手向右後方畫弧至肩平，左手向下向右畫弧至胸前。

（72）

身體左轉，左手收至胸前，掌心向後，右手向上經面部畫弧停於左手腕內側，掌心向前。

（69）

左腳全腳掌著地，右腿蹬直，成左弓步，左手向前上掤出。右手在右側髖關節旁，眼看前方。

（70）

身體微向左轉，左手隨即前伸翻掌向下，右手翻掌向下，眼視左手前方。

（71）

（72）

（73）

（74）

（75）

右腿屈膝，重心移至右腿，左腳尖翹起，同時雙手由前向後，經胸部向下按至腹前。

（76）

雙掌向前上推出，掌心向前指尖向上，重心移至左側，成左弓步，眼視雙手前。

（73）

雙手向前進，右腿蹬直，成左弓步，重心移至左腿，眼視前方。

（74）

左手翻掌向下，右手經左腕上方向前，向右伸出，雙手分開與肩寬，掌心向下。

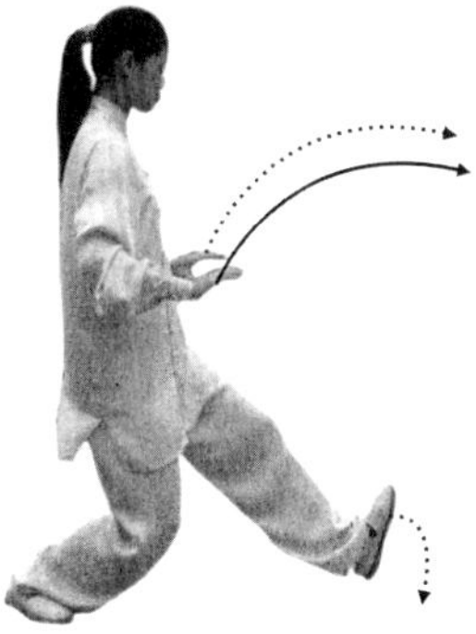

（75）

（76）

【九、十字手】

（77）

重心右移，左腳尖內扣，右手隨身體右轉，向右平擺畫弧左手左側平舉，掌心斜向下，肘部微屈。

（78）

右腳尖稍向外擺，成右側弓步，雙掌掌心斜向下，眼視右手。

（80）

（79）

（79）

重心移至左腳，右腳內扣，雙手體前交叉，掌心向上，右下左上，眼視前方。

（80）

右腳向左收至兩腳間距，與肩同寬，隨即雙膝伸直，雙手隨身體向上抱與胸前手心向內，右外左內，成十字交叉，眼視前方。

（78）

（77）

【十、收勢】

（81）

兩掌自然分開，寬與肩同。

（82）

兩手自然落於體側。

（83）

右腳收至左腳旁，成自然站立姿勢。

兩手左右分開下落時，全身放鬆呼吸自然。

（83）　（82）　（81）

十六式太極拳

【二、左右野馬分鬃】

身體中正，安舒，呼吸自然，舉手吸氣，手落呼氣。

(1)

(2)

(3)

(4)

兩手從體側向前平舉，手心向下，高與肩平，肘尖下墜。

(5)

上體保持正直，兩腿屈膝，兩掌按至腹前，掌心向下，眼視前方。

(6)

重心移至右腿，左腳腳尖點地，收於右腳旁，兩手於身體右前方，成抱球狀。

【預備勢】

(1)

兩腳併立，兩手自然放於體側，頭正頸直，眼視前方，呼吸自然。

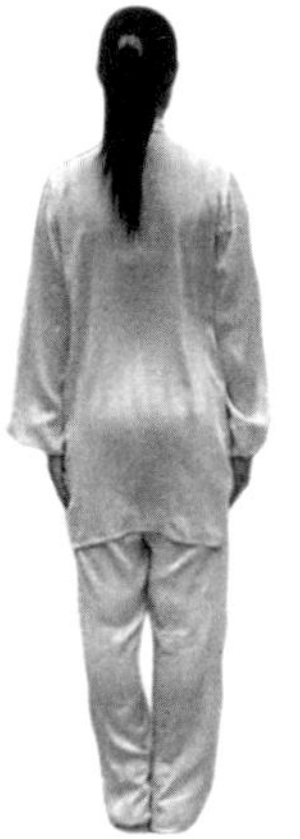

【一、起勢】

(2)

重心右移至右腳，左腳腳前掌點地，兩手向體側微領起，眼視前方。

(3)

左腳向左開立一步，與肩同寬，眼視前方。

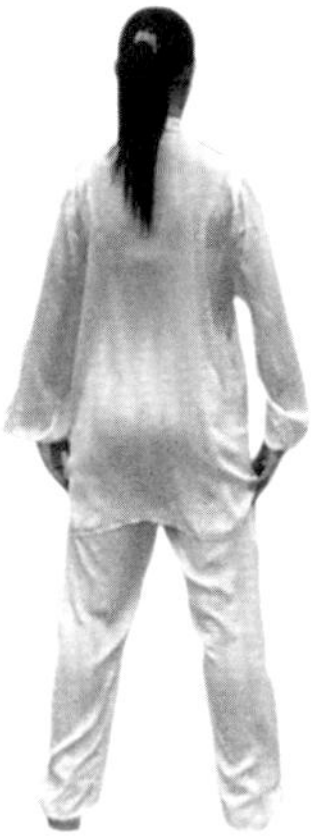

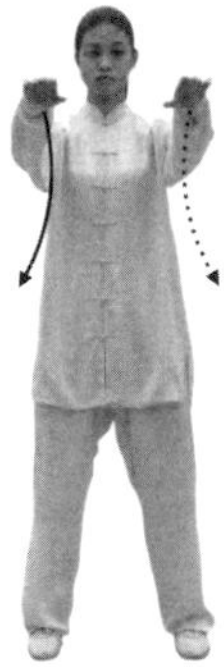

(4)

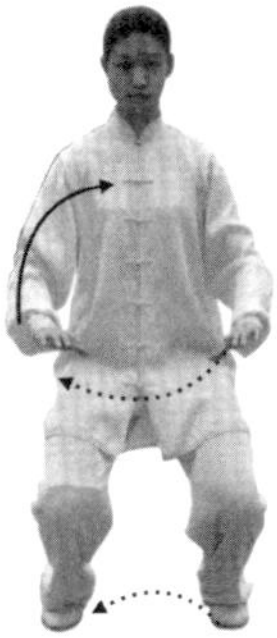

(5)

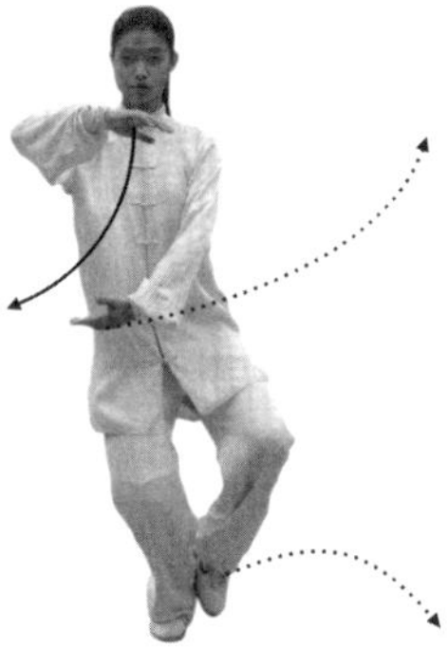

(6)

(9)

身體重心移至右側，左腳向外擺 45°，身體微左轉，同時左臂內旋於胸前平屈，手心向下，右臂外旋，向左上畫弧收於腹前，手心向上，雙手成抱球狀，眼視前方。

(10)

重心移至左腳，身體繼續左轉，隨即右腳收至左腳內側，腳尖點地，眼視左手。

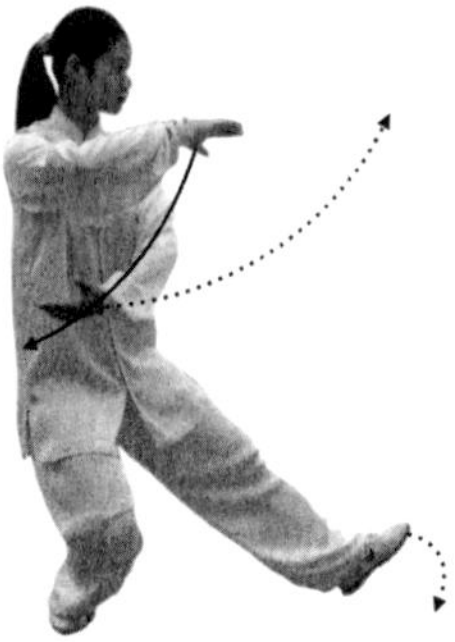

(7)

(8)

（7）

身體微向左轉，左腳向左側邁出，腳跟著地，眼視前方。

（8）

右腳蹬地，身體繼續左轉，身體重心前移，左腳全腳掌著地，成左弓步。同時左右手分別左上右下分開，左手高與眼平，手心斜向上右手落於右胯旁。眼視左手前方。

（9）

（10）

【三、白鶴亮翅】

（13）

重心移至右腳，左腳向前跟半步，腳前掌點地，雙手於體前成抱球狀，身型端正，眼視前方。

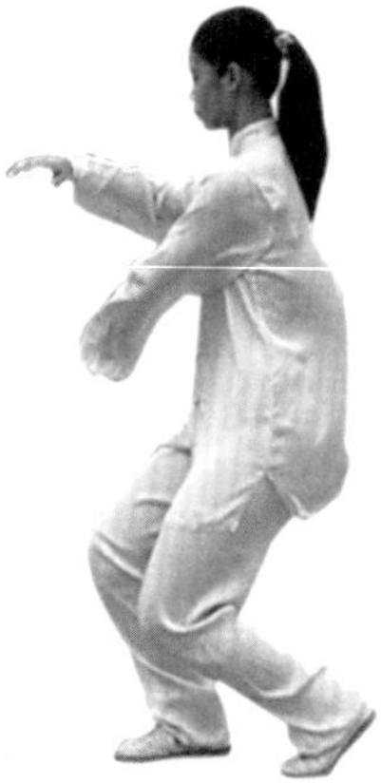

（14）

身體微左轉，重心移至左腳，右腳腳尖虛點地，成右虛步，同時向右回轉，面向前方，雙手隨身體轉動，左手上提於左額前，右手落於右胯前，手心向下，眼視前方。

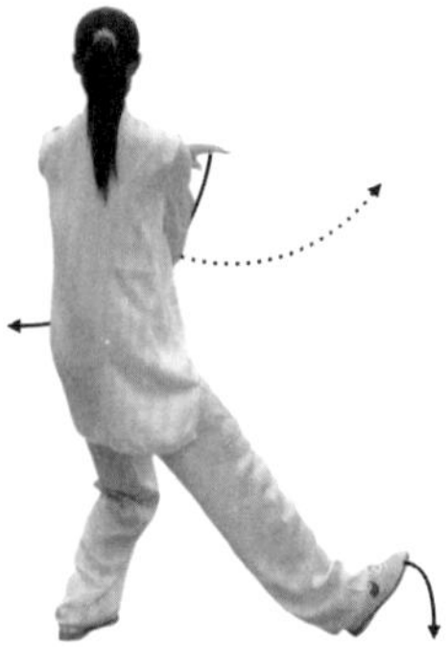

（11）

（12）

（11）

右腳向右側邁出，腳跟著地，眼視前方。

（12）

左腳蹬地，身體右轉，身體重心前移，右腳全腳掌著地，成右弓步。同時左右手分別右上左下分開，右手高與眼平，手心斜向上，左手落於左胯旁，眼視右手前方。

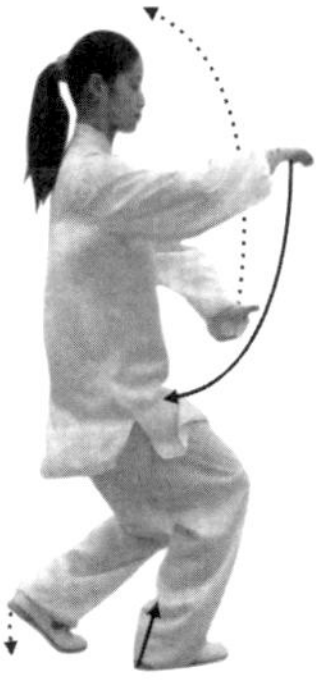

（13）

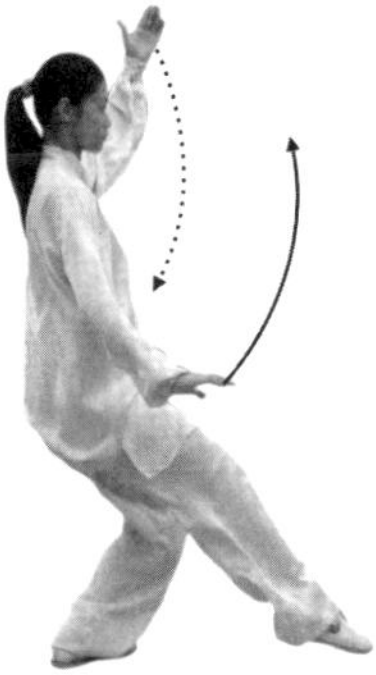

（14）

左手上提，右手下按，要與腰部轉動協調一致，兩臂保持半圓形。

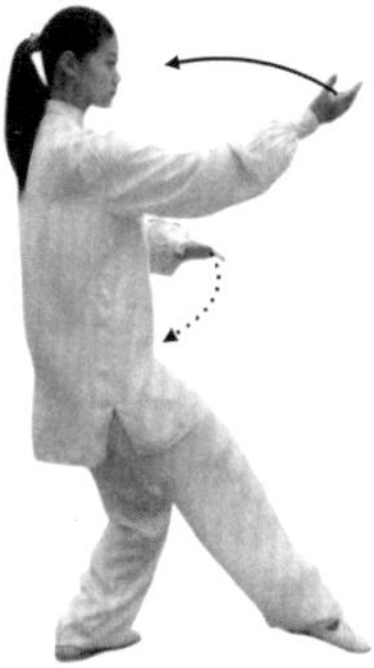

（15）

（16）

（17）

右腳向前邁出，腳跟著地，左手於耳側掌心向前，右手掌心向下摟，眼視前方。

（18）

左腳蹬地，重心移至右腳，成右弓步。左手由耳側向前推出，指尖高於鼻平，右手向下經右膝前繞過，落於右胯旁，眼視前方。

【四、摟膝拗步】

（15）

身體姿態保持不變，左手由上向右向下畫弧，同時右手手臂外旋，掌心向上。

（16）

左手繼續向下、向左後方畫弧至左肩外，手與耳同高，手心斜向上。右手繼續向上、向左、向腹前畫弧，右腳收至左腳內側，腳尖點地，眼視左手。

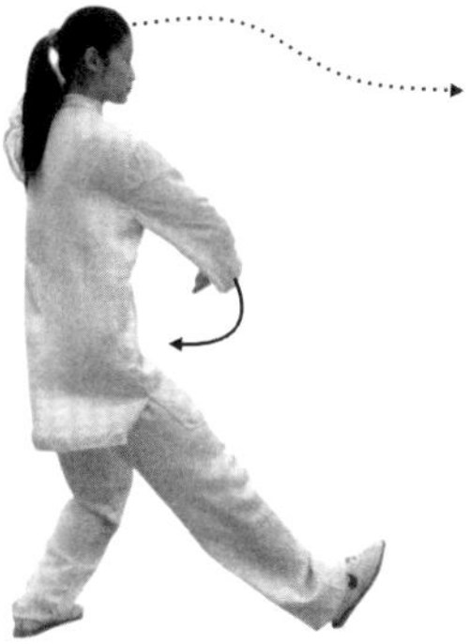

（17）

（18）

（19）

（20）

（21）

右手於耳側，掌心向前，左手掌心向下摟，左腳向前邁出，腳跟著地，眼視前方。

（22）

右腳蹬地，重心移動至左腳，成左弓步，右手由耳側向前推出，指尖與鼻平，左手向下經左膝前繞過，落於左胯旁，眼視前方。

（19）

身體重心移至左腿，右腳尖翹起，身體右轉，左手由前向右、向下畫弧，右手臂外旋屈肘，手心向內高與耳齊，眼視右手。

（20）

左腳收至右腳內側，腳尖點地，眼視右手。

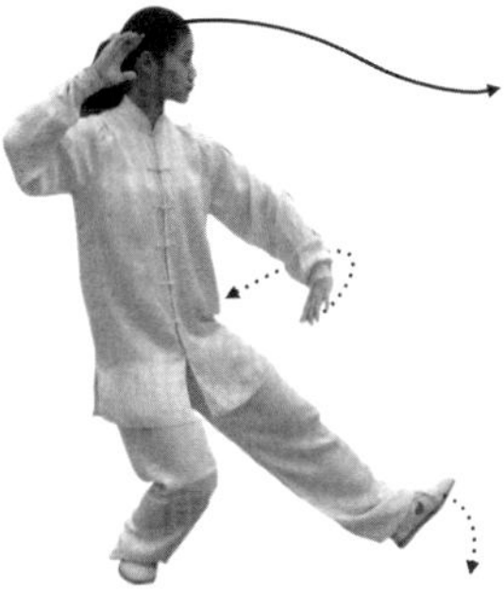

（21）

（22）

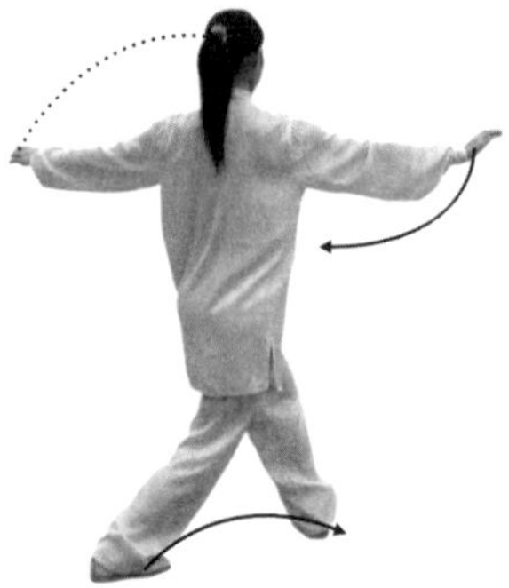

（23）

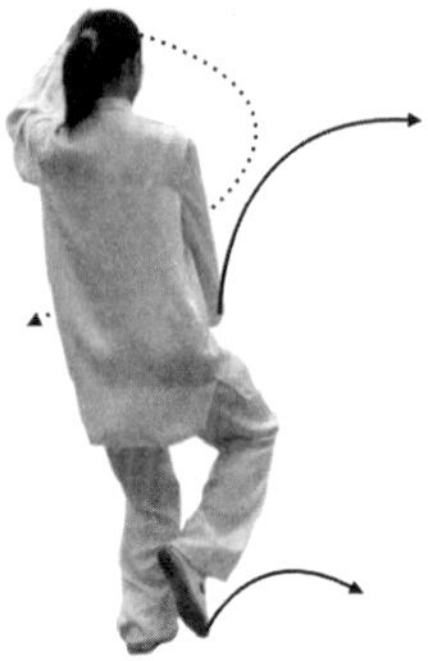

（24）

（25）

右腳上步，腳跟落地，重心在左腳，左手掌心向下按，同時右拳由下、向上、向右側搬打，掌心斜向上，眼視前方。

（26）

身體右轉，右腳外擺 45°，隨後全腳踏實，身體重心移至右腿，左腳經右腳內側向前邁出，腳跟著地，同時，左手臂微內旋向左向前畫弧形，掌心向右，右拳先內旋下落，拳心向下，再外旋畫弧收至腰間掌，拳心向上，眼視前方。

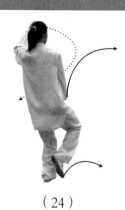

【五、進步搬攔捶】

（23）

左腳腳尖外擺 45°，身體隨即左轉。同時左手向下、向左後畫弧，右手前俯。

（24）

右腳上步收至左腳旁，腳尖虛點地，身體右轉，左手由左後向上向前畫弧，停於額前，右手變拳向下向後畫弧，停於腹前。

右拳虛空，進步時上體正直，沉肩、墜肘。

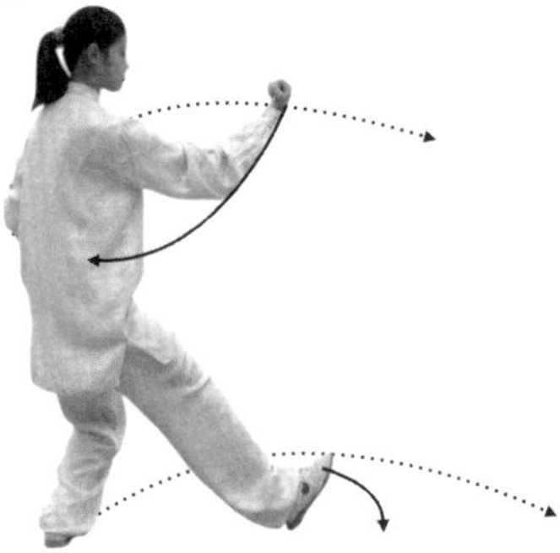

（25）

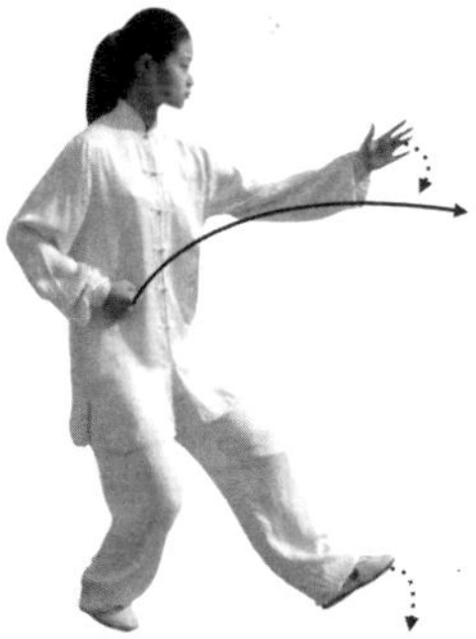

（26）

（27）

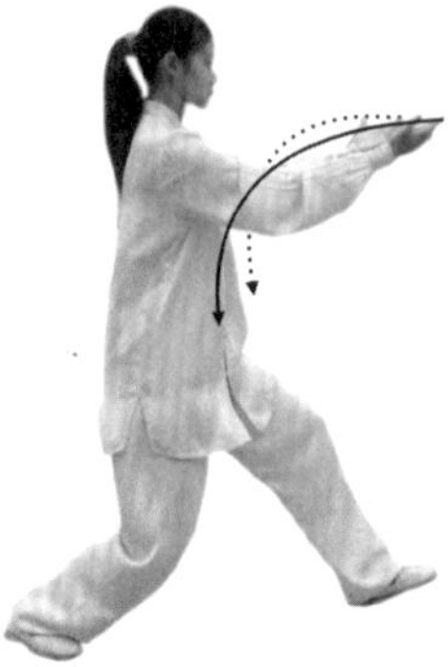

（28）

【六、如封似閉】

（29）

上體後坐，重心移至右腳，左腳尖翹起，雙手慢慢分開，雙臂內旋，雙掌掌心向下，按至體前，眼視雙手。

（30）

重心前移至左腳，左腳全腳掌著地，右腿蹬直，雙手由下向上、向前推出，掌心向前，眼視雙手前方。

（27）

左腳全腳踏實，成左弓步，同時右拳由腰間向前打出拳，高與胸平，左手附於右前臂內側，掌心向右，眼視右拳前方。

（28）

重心稍後移，右拳變掌，同時左掌經右前臂下側向前穿出，兩手掌心向上。

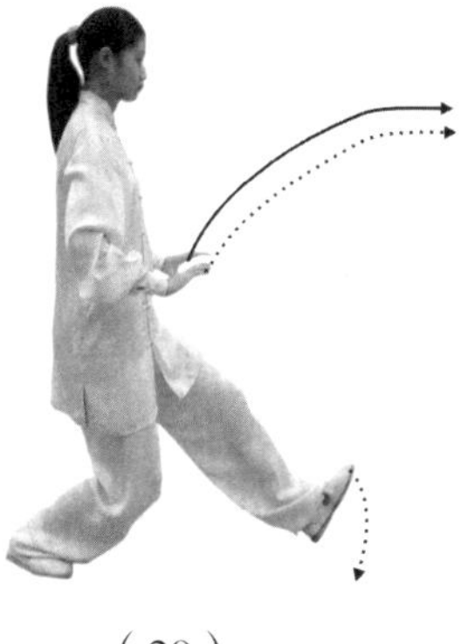

（29）

（30）

【八、手揮琵琶】

（35）

身體重心移動至左腿，身體微向左轉，右腳跟半步，同時，左掌收至體前，右勾手隨腰的轉動變掌向內，向前平擺至體前，眼視前方。

（34）

右腿蹬直，成左弓步，左臂內旋，左手手心向前推出，手指與眼平，肘微屈，眼視左手前方。

手揮琵琶：重心在雙腳的轉移時要分明。

單鞭：上體正直，兩肩下沉，肘尖下墜。

（31）

（32）

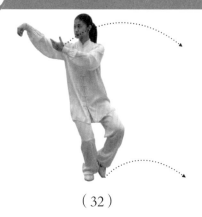

【七、單鞭】

(31)

身體右轉，右腳外擺，左腳內扣成馬步，同時，右手向右平擺畫弧至右側方，手心向外，眼看右手。

(32)

重心移至右腿，左腳收至右腳內側，腳尖點地，同時，右掌變勾手，眼看右手。

(33)

上月微向左轉，左腳向左側邁出，腳跟著地，左手從右肩前向上，向左畫弧至左前方，眼視左手前方。

(33)

(34)

(35)

【九、倒捲肘】

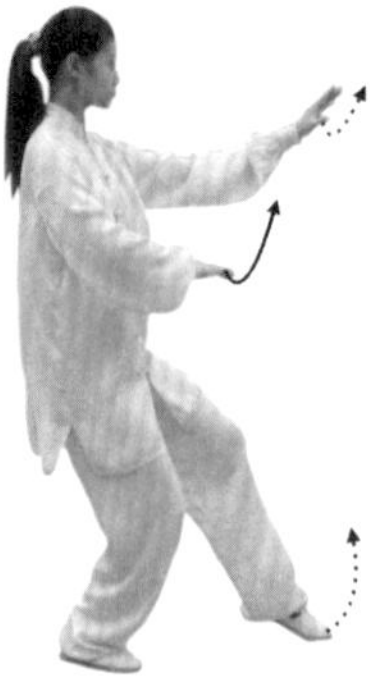

（36）

（37）

退步時，前腳掌先著地，然後過渡到全腳掌著地，身體不可上下起伏。

（38）

重心略升起，身體右轉，右手向下，向後畫弧，雙手高與肩平，眼視右手。

（39）

右臂屈肘立起，右掌心經耳側向前推，左手臂外旋，掌心向上，同時，左腳微提起，眼視前方。

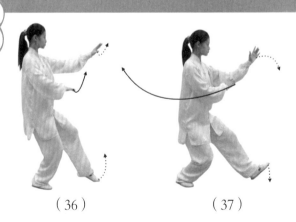

(36)

右腳落實，重心後移至右腿，左腳腳尖虛點地，身體微右轉，右手隨身體右轉向右屈肘回帶，左手向前，向上畫弧，眼視前方。

(37)

重心下降，左腳跟著地，左手向上挑舉，右手臂外旋，雙手掌心相向，眼視前方。

(38)

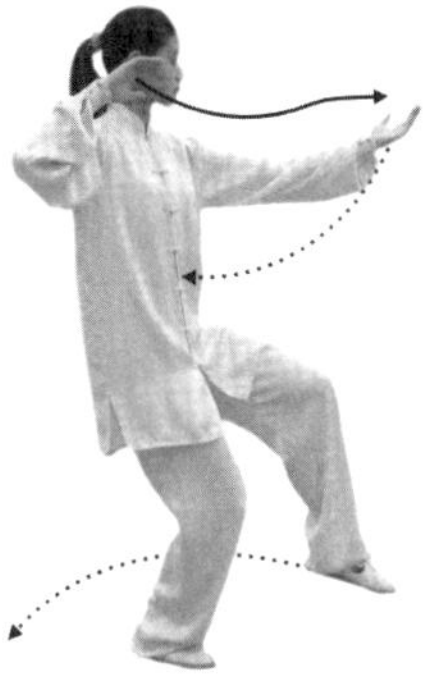

(39)

（40）

左腳後落，踏實，重心移至左腿，右腳尖虛點地，成右虛步，同時，左臂屈肘回抽至體側，右掌前推，高與肩平，眼視前方。

（41）

重心略升起，身體左轉，左手向下，向後畫弧，雙手高與肩平，眼視左手。

（43）

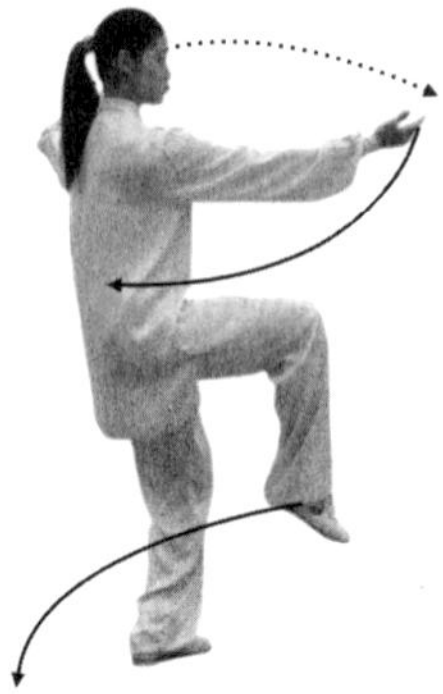

（42）

（42）

左臂屈肘立起，左掌心經耳側向前推，右手臂外旋，掌心向上，同時，右腳輕輕提起，眼視前方。

（43）

右腳後落，踏實，重心移至右腿，左腳尖虛點地，成左虛步，同時，右臂屈肘回抽至體側，左掌前推，高與肩平，眼視前方。

（41）

（40）

【十、左右穿梭】

（44）

身體右轉，左腳內扣，重心移至右腿，右手自然向下，向右後畫弧。

（45）

右腳外擺，身體繼續右轉，同時，右臂內旋，舉至肩平，掌心向下，左手向下，向下畫弧至腹前，成抱球狀，眼視前方。

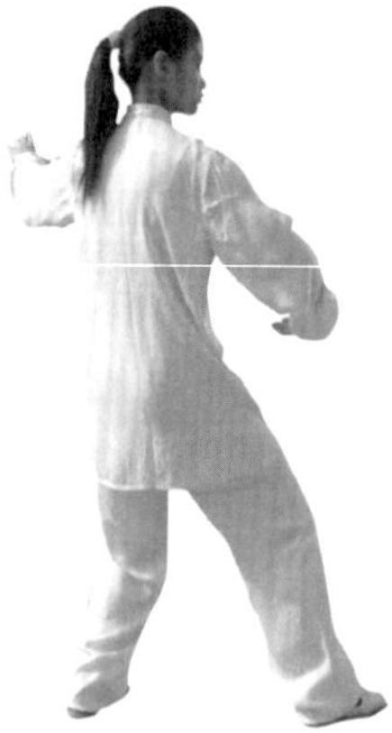

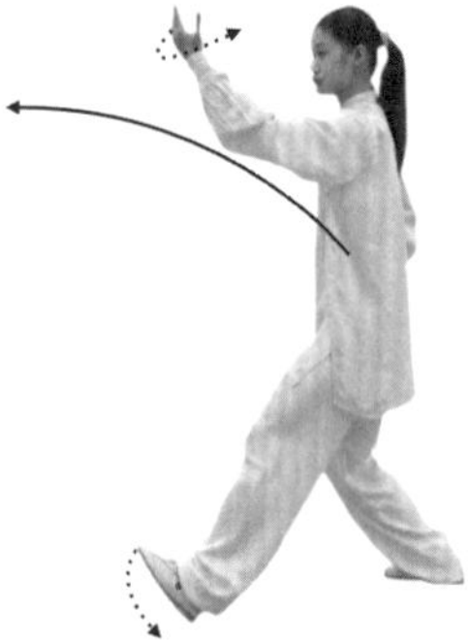

（47）

（46）

（46）

重心右移至右腿，左腳收至右腳內側，腳尖虛點地。

（47）

左腳向左側上步，腳跟落地，左手由腹前向上架起，高與額齊，右掌向下落於腹前，眼視左手。

（45）

（44）

（48）

重心前移，左腳全腳腳掌著地，右腿蹬直，成左弓步；同時，左手於額前翻掌架於額前，右手由腹前經胸隨身體左轉，向前推出，眼視前方。

（49）

右腳上步收於左腳內側，重心移至左腳，同時左臂外旋，屈肘收回體前，掌心向下，右手外旋，掌心向上，收回腹前成抱球狀，眼視左前方。

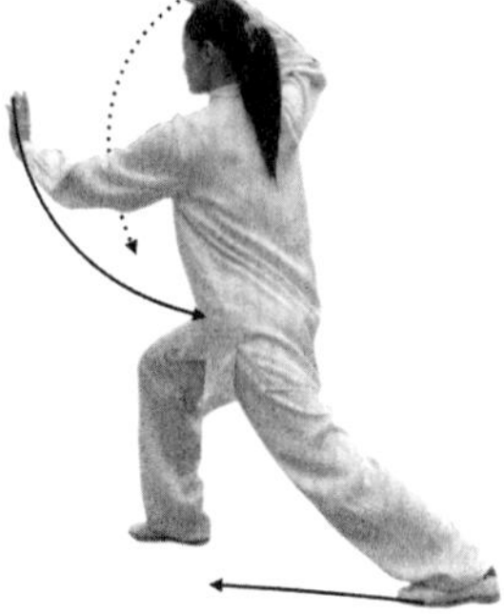

（51）

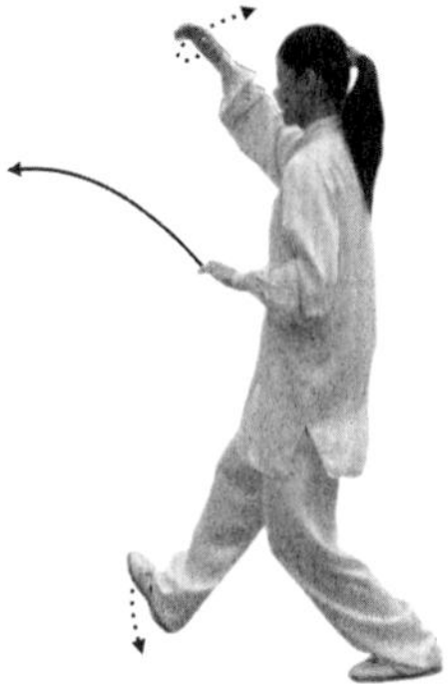

（50）

（50）

右腳向右側上步，腳跟落地，右手由腹前向上架起，高與額齊，左掌向下落於腹前，眼視右手。

（51）

重心前移，右腳全腳掌著地，左腿蹬直，成右弓步，同時，右手於額前翻掌架於額前，左手由腹前經胸隨身體右轉向前推出，眼視左手前方。

（49）

（48）

【十一、海底針】

（52）

重心前移，左腳向前跟半步，雙手自然下落，重心再回移至左腳。

（53）

左腳落實，重心移至左腳後，右腳輕輕提起，左手經體前向後、向上提至左耳旁，掌心向右，指尖斜向下，右手繼續向下畫弧，眼視前下方。

身體先稍左轉再右轉，上體不可太前傾。

（55）

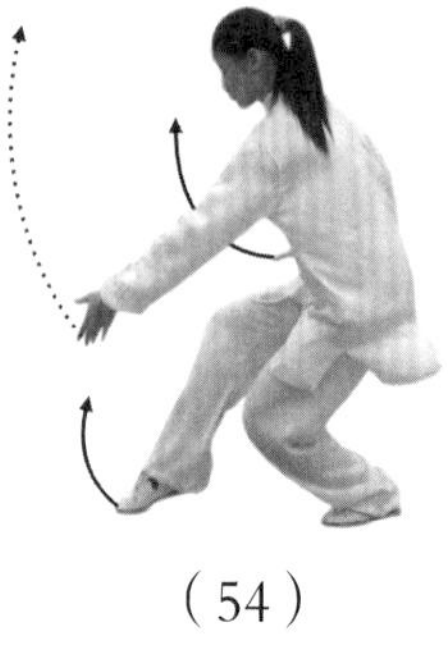

（54）

【十二、閃通臂】

(54)

右腳腳尖點地，成右虛步，同時，左手由耳側向前下方插出，右手畫弧落於右胯旁，手心向下，眼視前下方。

(55)

上體略左轉，右腳向前邁出，腳跟著地，同時左手由體前上提，右手上起至胸前，眼視前方。

推掌、舉臂、弓腿動作要協調一致。

(52)

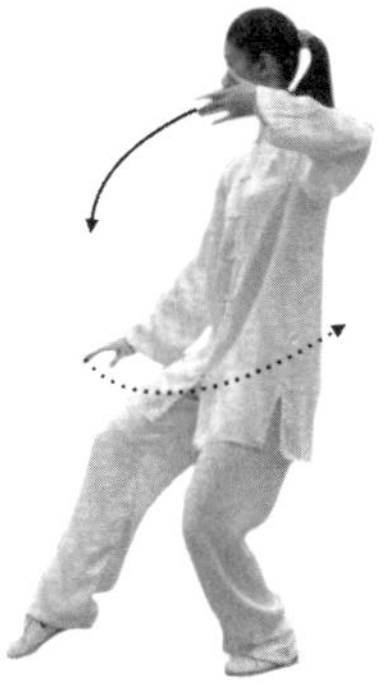

(53)

【十三、雲手】

(56)

右腳全腳掌落地，成右弓步，右手向前推出，掌心向前，同時，左手屈臂上舉，停於左額前上方，掌心斜向上，眼視右手前方。

(57)

左腳尖外擺 45°，身體左轉，重心移至左腳，右腳尖向內扣，同時，左手由上向左、向下畫弧至平舉，掌心向外，右手向下經腹前向左上方畫弧至左肘下，掌心向上，眼視左掌前方。

身體轉動以腰脊爲軸，不可上下起伏，左右搖擺。

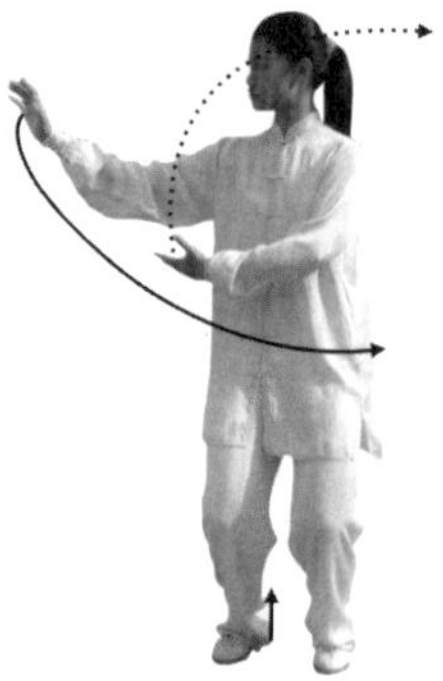

(59)

(58)

（58）

身體微右轉，重心移至右腿，左腳腳跟提起，右手由左經面前向右畫弧，眼視右手前方。

（59）

左腳向右落步，右手向右繼續畫弧與肩平，左手經腹前向右畫弧至右肘下，眼視右手前方。

雙臂自然圓活，
重心轉換虛實分明，
上體保持中正。

（57）

（56）

(60)

重心左移至左腳，右腳跟提起，左手由右向上經面前，向左畫弧，右手向下，經腹前向上向左畫弧，眼視左手。

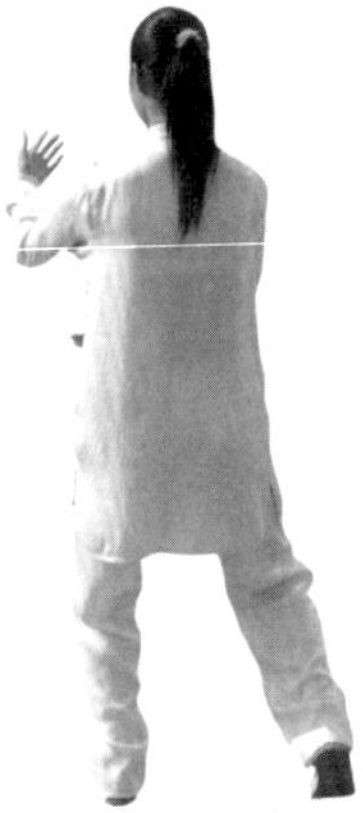

(61)

左腳支撐重心，右腳向右開立一步，左手掌心向外推出，右手收於左肘下，眼視左手前方。

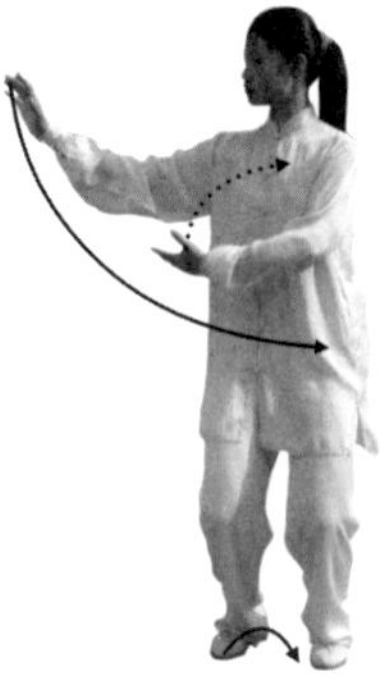

(63)

(62)

【十四、左右攬雀】

(62)

重心移至右腿，左腳跟提起，身體隨至微右轉，同時，右手隨身體右轉向上、向右畫弧，左手向下、向右畫弧至腹前，眼視右手。

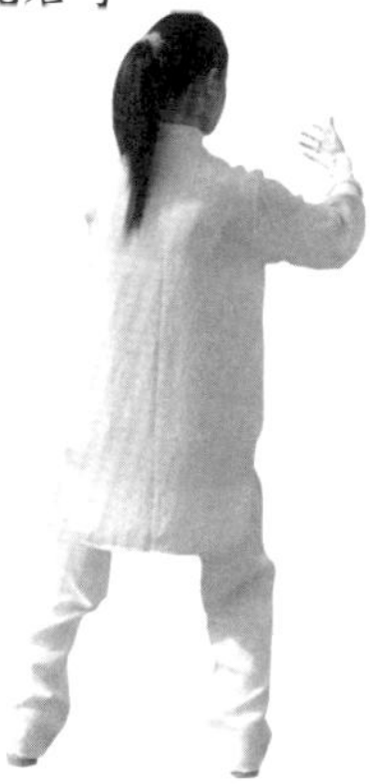

(63)

左腳收至右腳內側，兩腳與肩同寬，同時，身體微左轉，左手由腹前向上、向右畫弧，停於右肘下，手心斜向上，右手繼續向右側畫弧至肩平，掌心斜向右。

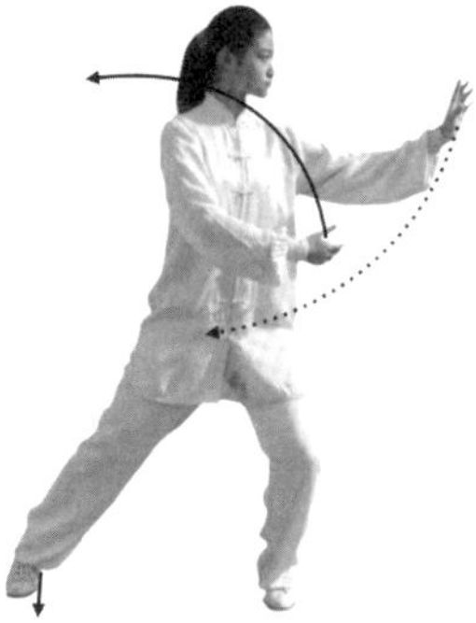

(61)

(60)

（64）

身體左轉，右腳回收至左腳內側，左手上、右手下，雙手掌心相對，成抱球狀眼視前方。

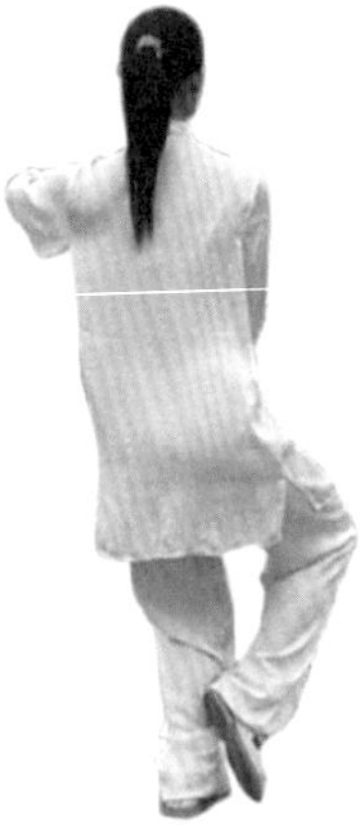

（65）

右腳向前邁出，腳跟著地，兩臂相向運動，眼視左臂前方。

（67）

（66）

（66）

身體右轉，右腳落實，左腿蹬直，成右弓步，同時，右手由下向右、向上弧形掤出，高與肩平，虎口向上，掌心向內，左手向左下按於左胯旁，掌心向下，眼視右臂前方。

（67）

身體繼續微右轉，左手由下經腹前向上、向右伸至右前臂下方，右手翻掌前伸，手心向下，左手翻掌，手心向上，眼視右手前方。

（64）

（65）

（68）

重心後移至左腳，雙手由上向下，捋至腹前，眼視雙手。

（69）

雙手繼續向左後上方畫弧，左手高於左肩齊，右臂平屈於左胸前，手心向內，眼視左手。

（71）

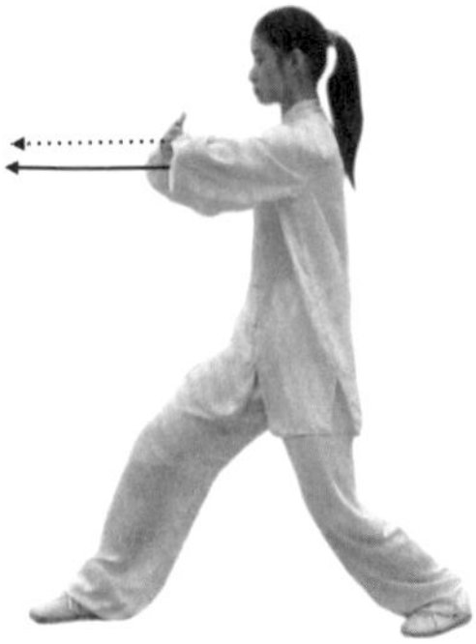

（70）

(70)

身體微右轉，左臂屈肘，左手附於右手腕內側，眼視前方。

(71)

雙手同時向前慢慢擠出，右前臂呈半圓形，同時重心前移成右弓步，眼視前方。

(69)

(68)

(72)

右手翻掌，手心向下，左手經右腕上方向前、向左伸出，高與右手齊，手心向下，雙手指尖向前左右分開，與肩同寬，眼視前方。

(73)

左腿屈膝，重心落於左腿，右腳腳尖翹起，雙手由前向後經胸前，按至腹前，眼視前方。

(74)

（74）

身體重心慢慢前移，雙手向前、向上弧形推出，掌心向前，手指向上，同時右腿屈膝前弓，成右弓步，眼視前方。

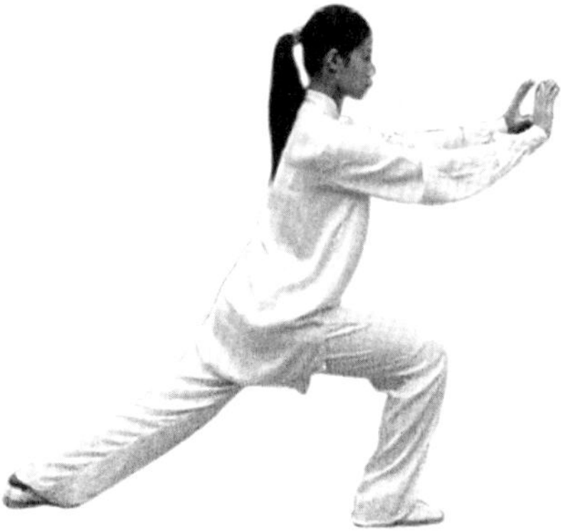

（73）

（72）

（75）

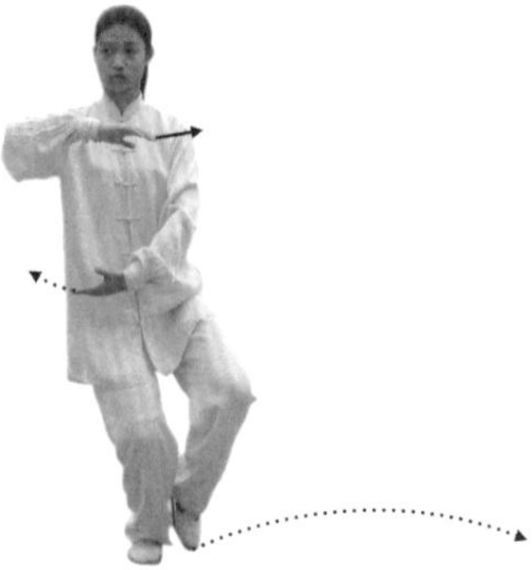

（76）

（77）

左腳向前邁步，腳跟著地，兩臂相向運動，眼視右臂前方。

（78）

身體左轉，左腳落實，右腿蹬直，成左弓步，同時左前臂由下向左，呈弧形掤出，高與肩平，左手虎口向上，掌心向內，右手向右下按至右腹前，掌心向下，眼視左臂前方。

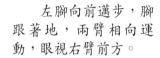

（75）

身體左轉，右腳內扣，雙手掌心向下，由右平擺至胸前，眼視左手前方。

（76）

身體右轉，左腳回收至右腳內側，右手上、左手下，雙手掌心相對，成抱球狀，眼視前方。

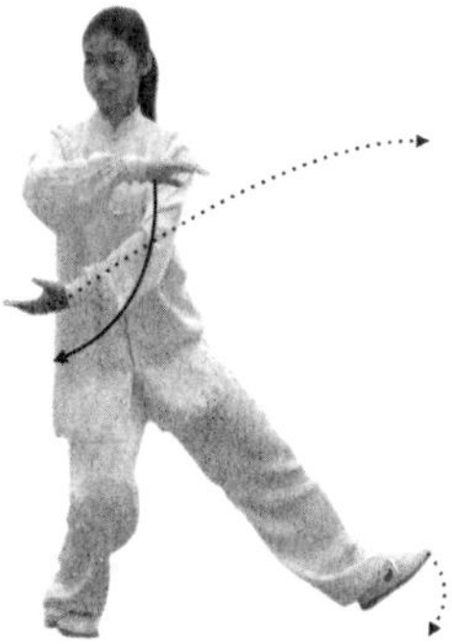

（77）

（78）

（81）

雙手繼續向右後方畫弧，右手高與右肩齊，左臂平屈於右胸前，手心向內，眼視右手。

（82）

身體微左轉，右臂屈肘，右手附於左手腕裡側，眼視前方。

（79）

（80）

(79)

身體繼續微左轉，右手由下經腹前向上，向左伸至左前臂下方，翻掌向上，左手翻掌前伸，手心向下。

(80)

重心後移至右腳，雙手由上向下，捋至腹前，眼視雙手。

(81)

(82)

【十五、十字手】

（85）

右腿屈膝，重心落於右腿，左腳腳尖蹺起，雙手由前向後按至胸前，眼視前方。

（86）

身體重心慢慢前移動，雙手向前，向上弧形按出，掌心向前，手指向上，同時左腿屈膝前弓，成左弓步，眼視前方。

（83）

（84）

（83）

雙手同時向前慢慢擠出，左前臂呈半圓形，同時重心前移成左弓步，眼視前方。

（84）

左手翻掌，手心向下，右手經左腕上方向前伸出，高與右手齊，手心向下，雙手左右分開，與肩同寬，眼視前方。

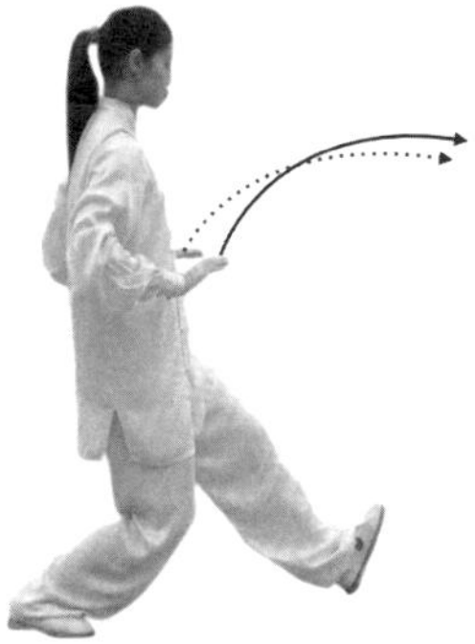

（85）

（86）

【十六、收勢】

(89)

右腳向左回收，兩腳與肩同寬，雙手手臂繼續向上外旋，畫弧交叉合抱於胸前，兩臂撐圓，腕與肩平，右手在外，兩手心均向內，眼視前方。

(90)

兩膝逐漸蹬直，雙手指尖向前，雙掌內旋，掌心向下，雙掌分開，與肩同寬，眼視前方。

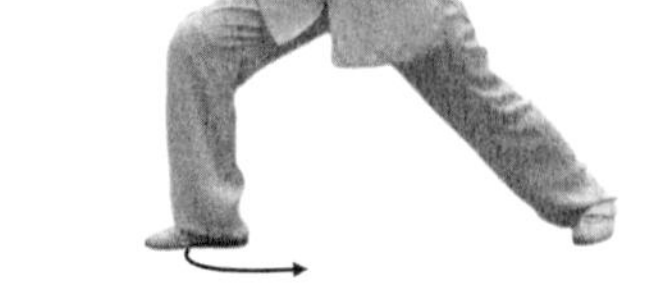

(87)

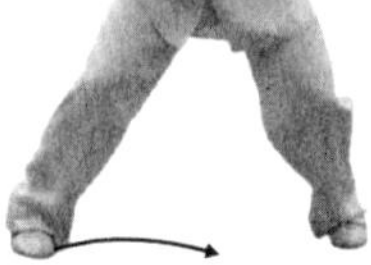

(88)

（87）

重心右移，左腳尖內扣，身體右轉，右腳尖外擺，同時右手向上向左經面部畫弧，雙手高與肩平，眼視右手。

（88）

重心再移至左側，右腳內扣，雙手向下在腹前交叉，右內左外，眼視前方。

兩手體前交叉，身體保持中正。

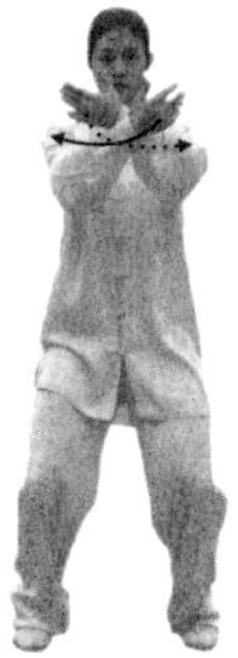

（89）

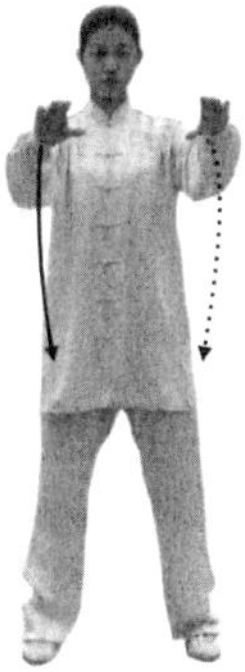

（90）

（91）

雙手慢慢落於體側，重心移至內腿，眼視前方。

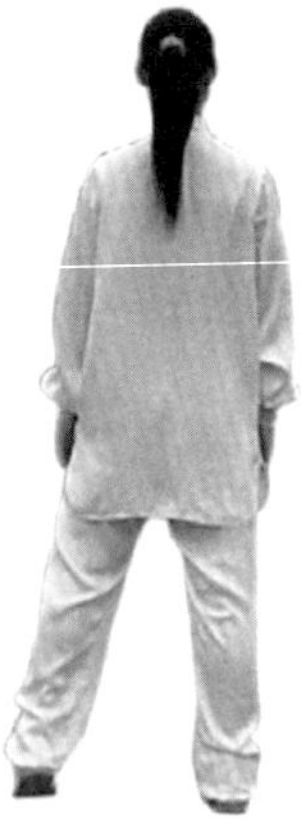

（92）

左腳向右落於右腿旁，成併立步，眼視前方。

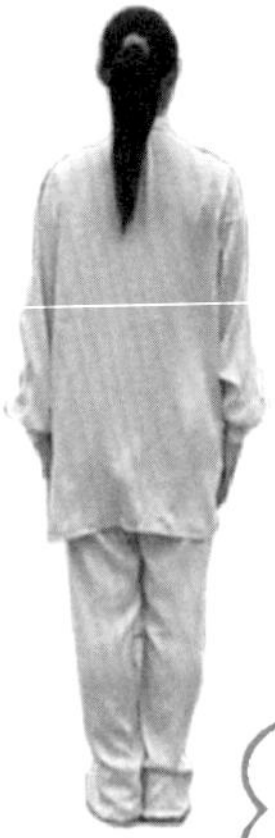

周身放鬆，氣沉丹田。

（91）

（92）

太極拳的練習方向和進退路線圖

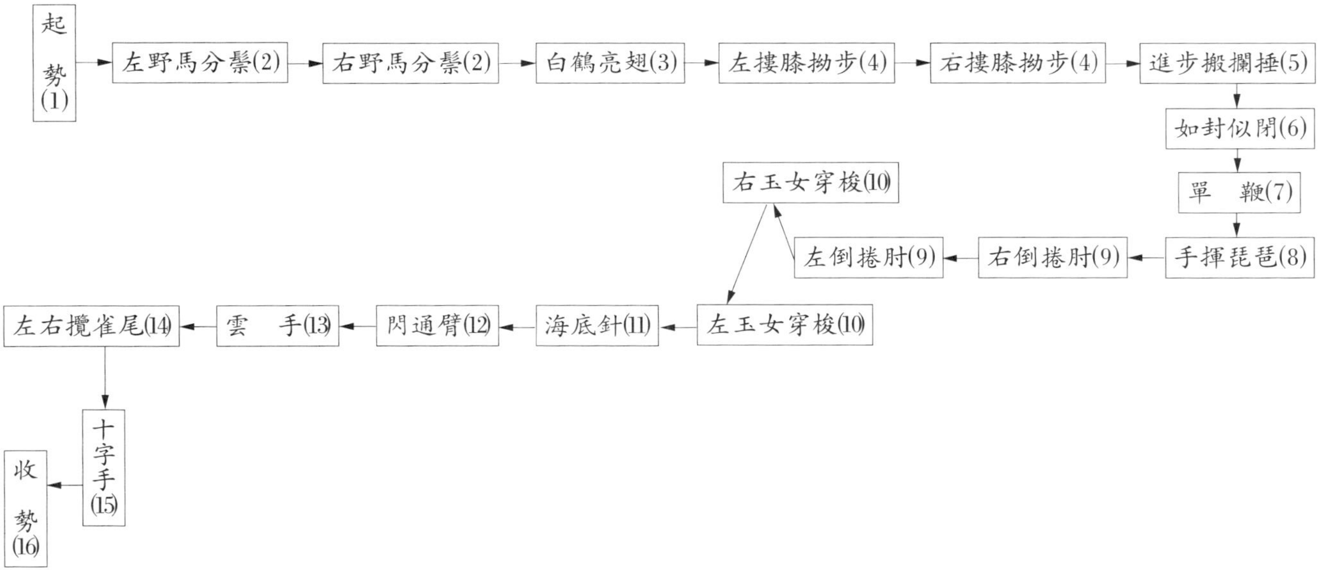

主編簡介

溫力，男，河北省蠡縣人，漢族，1943年11月生。1967年畢業於武漢體育學院，1981年武漢體育學院研究生畢業留校任教。

現任武漢體育學院武術系教授。1985年獲教育學碩士學位，是中國第一批獲得碩士學位的武術專業工作者之一。自幼隨父母（中國著名的武術界前輩）溫敬銘、劉玉華兩位教授學習武術，有堅實的武術技術和理論基礎。多年來從事武術教學工作，對武術基礎理論有較深入的研究，多次擔任國內外重大比賽的武術裁判。

彩色圖解太極武術

1 太極功夫扇

定價220元

2 武當太極劍

定價220元

3 楊式太極劍

定價220元

4 楊式太極刀

定價220元

5 二十四式太極拳+VCD

定價350元

6 三十二式太極劍+VCD

定價350元

7 四十二式太極劍+VCD

定價350元

8 四十二式太極拳+VCD

定價350元

9 楊式十六式太極拳 十八式太極劍

定價350元

10 楊氏二十八式太極拳+VCD

定價350元

11 楊式太極拳四十式+VCD

定價350元

12 陳式太極拳五十六式+VCD

定價350元

13 吳式太極拳五十六式+VCD

定價350元

14 精簡陳式太極拳八式十六式

定價220元

15 精簡吳式太極拳三十六式 拳架・推手

定價220元

16 夕陽美功夫扇

定價220元

17 綜合四十八式太極拳+VCD

定價350元

18 三十二式太極拳 四段

定價220元

19 楊式三十七式太極拳+VCD

定價350元

20 楊氏五十一式太極劍+VCD

定價350元

養生保健　古今養生保健法　強身健體增加身體免疫力

定價250元

2 中國氣功圖譜

定價250元

3 少林醫療氣功精粹

定價250元

4 龍形實用氣功

定價220元

5 魚戲增視強身氣功

定價220元

7 道家玄牝氣功

定價200元

定價160元

9 少林十大健身功

定價180元

10 中國自控氣功

定價250元

11 醫療防癌氣功

定價250元

12 醫療強身氣功

定價250元

13 醫療點穴氣功

定價250元

定價180元

15 正宗馬禮堂養氣功

定價420元

16 秘傳道家筋經內丹功

定價300元

17 三元開慧功

定價250元

18 防癌治癌新氣功

定價180元

19 禪定與佛家氣功修煉

定價200元

定價360元

21 簡明氣功辭典

定價360元

22 八卦三合功

定價230元

23 朱砂掌健身養生功

定價250元

24 抗老功

定價230元

25 意氣按穴排濁自療法

定價250元

定價200元

28 張氏太極混元功

定價250元

29 中國璇密功

定價250元

30 中國少林禪密功

定價200元

31 郭林新氣功

定價400元

32 八卦之源與健身養生

定價280元

定價400元

34 養生開脈太極

定價300元

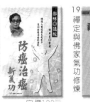

健康加油站

1 糖尿病預防與治療

定價200元

2 胃部機能與強健

定價180元

3 不孕症治療

定價200元

4 簡易醫學急救法

定價200元

5 肥胖健康診療

定價200元

6 肝功能健康診療

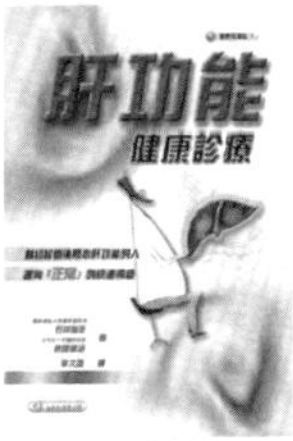

定價200元

7 高血壓健康診療

定價200元

8 高血糖值健康診療

定價200元

9 尿酸值健康診療

定價200元

10 膽固醇中性脂肪健康診療

定價200元

11 痛風劇痛消除法

定價180元

12 三溫暖健康法

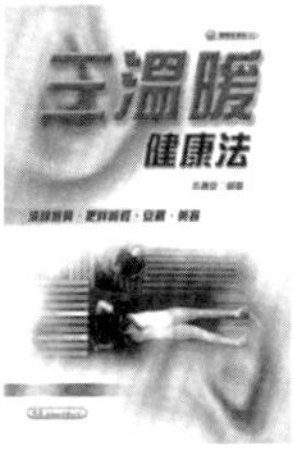

定價180元

13 手・腳病理按摩

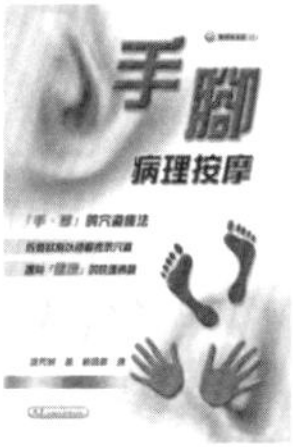

定價180元

14 B型肝炎預防與治療

定價180元

15 吃得更漂亮、健康

定價180元

16 茶使您更健康

定價180元

17 圖解常見疾病運動療法

定價180元

18 科學健身改變亞健康

定價180元

19 簡易萬病自療保健

定價220元

20 王朝秘藥媚酒

定價180元

運動精進叢書

1 怎樣跑得快

定價200元

2 怎樣投得遠

定價180元

3 怎樣跳得遠

定價180元

4 怎樣跳的高

定價180元

5 高爾夫揮桿原理

定價220元

6 網球技巧圖解

定價220元

7 排球技巧圖解

定價230元

8 沙灘排球技巧圖解

定價230元

9 撞球技巧圖解

定價230元

10 籃球技巧圖解

定價220元

11 足球技巧圖解

定價230元

12 羽毛球技巧圖解

定價220元

13 乒乓球技巧圖解

定價220元

14 曲線球與飛碟球

定價300元

15 街頭花式籃球

定價280元

16 精彩高爾夫

定價330元

17 巴西青少年足球訓練方法

定價230元

快樂健美站

定價280元

2 自行車健康享瘦

定價280元

3 跑步鍛鍊走路減肥

定價280元

4 創造健康的肌力訓練

定價220元

5 舒適超級伸展體操

定價280元

6 水中有氧運動

定價280元

定價280元

8 創造超級兒童

定價280元

9 使頭腦變聰明

定價280元

10 防止老化的身體改造訓練

定價280元

11 三個月塑身計畫

定價280元

12 懶人族瑜伽

定價280元

定價240元

14 忙裡偷閒練瑜伽祛病養生篇

定價240元

15 健身跑激發身體的潛能

定價200元

16 中華鐵球健身操

定價180元

17 彼拉提斯健身寶典

定價280元

18 全身保健操＋VCD

定價280元

定價180元

20 豐胸做自信女人

定價200元

21 輕鬆瑜伽治百病

定價280元

常見病藥膳調養叢書

1 脂肪肝四季飲食

定價200元

2 高血壓四季飲食

定價200元

3 慢性腎炎四季飲食

定價200元

4 高脂血症四季飲食

定價200元

5 慢性胃炎四季飲食

定價200元

6 糖尿病四季飲食

定價2

7 癌症四季飲食

定價200元

8 痛風四季飲食

定價200元

9 肝炎四季飲食

定價200元

10 肥胖症四季飲食

定價200元

11 膽囊炎、膽石症四季飲食

定價200元

傳統民俗療法

1 神奇刀療法

定價200元

2 神奇拍打療法

定價200元

3 神奇拔罐療法

定價200元

4 神奇艾灸療法

定價200元

5 神奇貼敷療法

定價200元

6 神奇薰洗療法

定價20

7 神奇耳穴療法

定價200元

8 神奇指針療法

定價200元

9 神奇藥酒療法

定價200元

10 神奇藥茶療法

定價200元

11 神奇推拿療法

定價200元

12 神奇止痛療法

定價2

13 神奇天然藥食物療法

定價200元

14 神奇新穴療法

定價200元

15 神奇小針刀療法

定價200元

16 神奇刮痧療法

定價200元

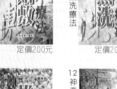

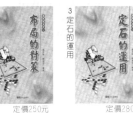

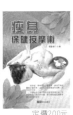

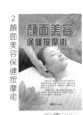

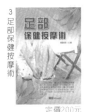

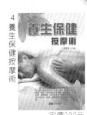

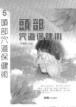

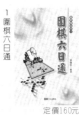

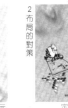

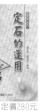

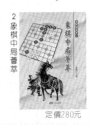

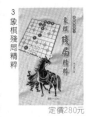

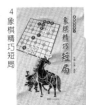

歡迎至本公司購買書籍

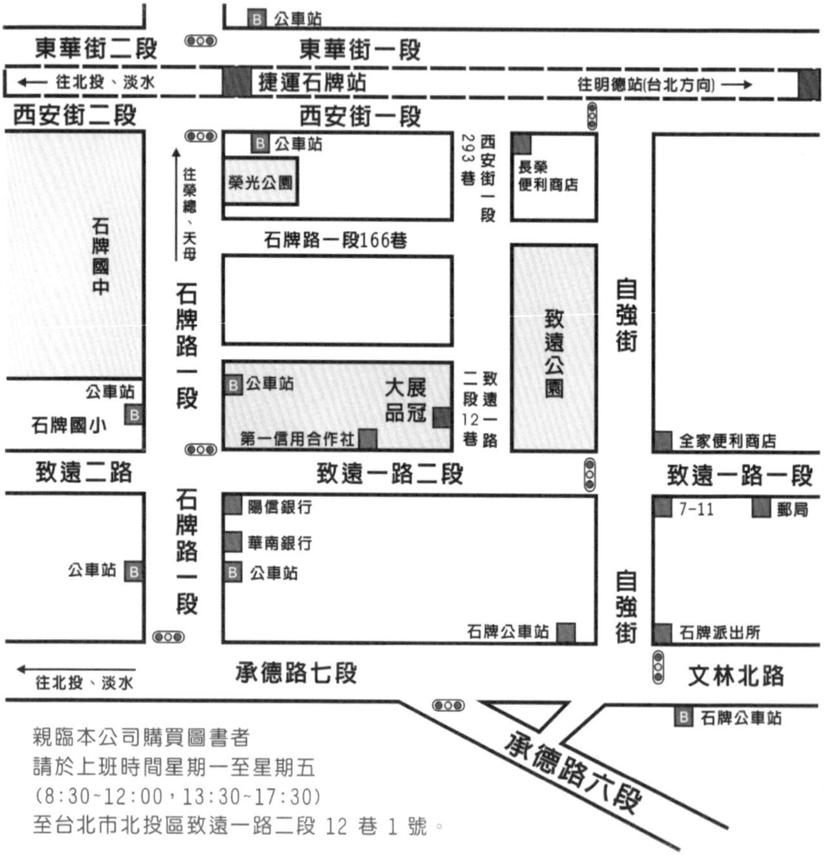

親臨本公司購買圖書者
請於上班時間星期一至星期五
(8:30~12:00，13:30~17:30)
至台北市北投區致遠一路二段 12 巷 1 號。

建議路線

1.搭乘捷運・公車

淡水線石牌站下車，由出口出來後，左轉(石牌捷運站僅一個出口)，沿著捷運高架往台北方向走(往明德站方向)，其街名為西安街，至西安街一段293巷進來(巷口有一公車站牌，站名為自強街口)，本公司位於致遠公園對面。搭公車者請於石牌站(石牌派出所)下車，走進自強街，遇致遠路口左轉，右手邊第一條巷子即為本社位置。

2.自行開車或騎車

由承德路接石牌路，看到陽信銀行右轉，此條即為致遠一路二段，在遇到自強街(紅綠燈)前的巷子左轉，即可看到本公司招牌。

國家圖書館出版品預行編目資料

八式十六式太極拳（附 VCD）／曾天雪　編著
——初版，——臺北市，大展，2007〔民 96〕
面；21 公分，——（輕鬆學武術；3）
ISBN　978-957-468-548-6（平裝；附影音光碟）
1. 太極拳
528.972　　96010698

八式十六式太極拳（附 VCD）

ISBN　978-957-468-548-6
編　　著／曾 天 雪
責任編輯／李 荷 君
發 行 人／蔡 森 明
出 版 者／大展出版社有限公司
社　　址／台北市北投區（石牌）致遠一路 2 段 12 巷 1 號
電　　話／（02）28236031・28236033・28233123
傳　　眞／（02）28272069
郵政劃撥／01669551
網　　址／www.dah-jaan.com.tw
E－mail ／service@dah-jaan.com.tw
登 記 證／局版臺業字第 2171 號
承 印 者／高星印刷品行
裝　　訂／建鑫印刷裝訂有限公司
排 版 者／弘益電腦排版有限公司
授 權 者／湖北科學技術出版社
初版 1 刷／2007 年（民 96 年）8 月
定　價／250 元

大展好書　好書大展
品嘗好書　冠群可期